U0038576

右手寫論文，左手寫科普
生理學者潘震澤自傳

潘震澤 ——— 著

三民書局

推薦序

一個另類的生理學者所捕捉到的臺灣現代史

　　或許你可能不會如此深刻地體悟到，臺灣其實是個不折不扣的移民社會！不僅僅有早年「唐山過海」的「經濟移民」，更有 1949 年世局丕變下的「戰爭移民」，他們在不同年代為臺灣留下深遠的影響與契機。潘震澤教授的自傳——「右手寫論文，左手寫科普：生理學者潘震澤自傳」，不僅見證了臺灣外省移民二代的人生軌跡，還捕捉新興學科——「生理學」在臺紮根的歷程。更重要的是，在老師筆下，我們看到教育促成臺灣社會進步的關鍵貢獻。

　　潘老師的家世十分普通，在那個烽火不休的年代，他年輕的父母經歷中日戰爭與第二次世界大戰，又隨即捲入血腥恐怖的國共內戰，並跟隨就讀的學校來到臺灣避難。新生活也並非一路平順，但韌性使然，他們攜手建立了家庭，養育潘老師一家四兄妹。潘老師在求學中培養出閱讀與音樂的嗜好，課業也不曾落下，但人外有人天外有天，雖並未如其所願考上醫學系，但若我們換個角度仔細一想，音樂教育是新竹高中的一位音樂老師與一位校長堅持的理想所致，而閱讀則是家庭素養教育的體現。在當時的菁英高中，即使不是人人如此，但潘老師的際遇，也算是很常見的一類。

　　後來，潘老師來到臺灣大學就讀，是當年除了提供高等教育之外，以基礎科學領域來說，少數容許學術研究的場域之一。毫無疑問地，研究需要仰賴一群人努力，且不斷地累積，那些已經留學（主要是留學美國）歸國的教授們，帶回新知識、新方法、新思維，以及嶄新的教學理念，一一在校園內推展開來，成為重要的基石，更替學子們開了一扇窗，可以看到更寬廣的新境界，即便那是一扇望向美國的窗。於是，潘老師和無數的臺大校友一樣，踏上了留學之路，見識了美國社會的美與醜。

　　潘老師學成後居然沒有留在美國，而是回臺任教，被在美友人認為是個衝動的決定，畢竟在當時的社會風氣底下，存在著「混的不好」才會返鄉的想法。不過，臺灣已和先前不同，新設立的陽明醫學院（現為陽明交通大學）急需師資，因此潘老師受邀成為該校生理研究所的一員。除了繼續進行生理醫學的研究，培育生理相關人才之外，同時也教授醫學院學生基礎生理學。在這之中，教書是比較例行的工作，需要從原理講起，一步步建立基本觀念；研究就不同了，要帶領研究生發現新知，形成一個知識產業鏈，並且要有能力「行銷」全球——將論文發表於國際期刊。面對嶄新的挑戰，潘老師傑出的表現獲得國科會大獎，這是一個極高的榮耀！根據書中的描述，初得獎時他感到有點意外，算是對制度公平性的一種讚賞吧！就如同前面所說，他來自一個普通家庭，能獲此榮譽，也算是臺灣社會進步的表現。

　　除了學術工作，潘老師也講述了他的家人、師生關係與投入科普教育的過程，絕對是一本精彩的書！我把這些都留白，等待各位自己去細細品味，尤其是四、五、六年級生們，裡頭有很多我們共同的經驗與回憶！也歡迎後輩們一同了解當年的歷史光景。

臺灣大學生命科學系教授

于宏燦

我的回憶

（代序）

　　已故美國科普名家古爾德 (Stephen J. Gould, 1941～2002) 曾寫過：「科學家自傳是種有缺陷的文體，且無可救藥。」他雖沒有明言那麼說的理由何在，但我們可以想像眾多科學家的成長、求學、入行以及工作的經驗，大致都有類似之處；加上傳主如果研究的是生僻冷門的題目，或不厭其煩將丁點大的成果一再吹噓，那麼引起讀者不耐，也是必然的結果。

　　近代中國大儒錢鍾書 (1910～1998) 也在書序中寫道：「我們在創作中，想像力常常貧薄可憐，而一到回憶時，不論是幾天還是幾十年前、是自己還是旁人的事，想像力忽然豐富得可驚可喜以至可怕。」可是一語道破了許多回憶錄的缺點。

　　看了以上兩位我所尊敬人物所寫的話，對於自己寫作的回憶文字不免有些惶恐。我想，多數的傳記大概都有類似的問題，不獨科學家傳記為然；古爾德身為科學家，難免對同行的要求高了些。我私心所效法的，乃是胡適先生的《四十自述》。他在自序中寫道：「我們赤裸裸的敘述我們少年時代的瑣碎生活，為的是希望社會上做過一番事業的人也會赤裸裸的記載他們的生活，給史家作材料，給文學開生路。」我沒有胡適那麼崇高的理想，也沒有什麼了不起

的事業，就只想以一介庶民身分，把腦海裡記憶鮮明的事寫出來，給自己留下一份紀錄。

記憶的確是種相當神奇的腦部功能：對於某些經驗，我們幾乎能過目不忘，歷久彌新；還有的一些，則是稍縱即逝，好似從未發生過。有些記憶，我們再三珍惜，不時從腦海中喚出，並樂於與人分享；有些則刻意深藏，絕不輕易表白。

然而，我們也都知道，記憶可能相當不可靠。神經心理學者沙克特 (Daniel Schacter, 1952～) 曾經寫過 《記憶七罪》 (*The Seven Sins of Memory*, 2001) 一書，細數人類記憶的缺失，像是常見的「短暫」、「健忘」與「空白」之類。此外，記憶還可能遭到主觀的扭曲，甚至出現憑空捏造，或受有心人士誤導及置入等情形出現，讓人不得不防。

但就算記憶有許多缺失，它還是我們最珍貴、且是別人奪不走的財產。記憶是經驗沉澱下來的部分，也是人類意識的基礎；要是少了記憶，我們將不會知道自己是誰，身在何處，學習也將發生困難，更別提語言文字的發明了。事實上，在文字傳承尚不普及的年代，經驗豐富的耆老，是社會之寶，也是所謂的「行動字典」；這些人所仰賴的，就是超人的記憶。

回憶過往是人之常情，邁入中老年後，難免懷念逝去的青春年華。人在成長過程中經歷過的一些人與事，總要在多年之後，才曉得其意義何在。個人屬後知後覺型，對許多事情開竅甚晚，甚至到目前仍一竅不通（好比政治與金融）。因此，個人在成長過程中，常

有許多茫然及困惑的時刻，不曉得某些說法是對是錯，更不知道如何回應。這些困惑常置心頭，讓自己多了自省的機會，也對某些事物場景的記憶格外鮮明。

因此個人在邁入中年後，就以主題分類方式，著手寫作自己的經歷與過往，藉此機會整理自己的記憶。寫作的主題包括宗教經驗、讀書、觀影、賞樂、搭機、留學、研究、教學、翻譯以及生病等。這些文章有的順利發表於報章雜誌，有的則從未正式發表；如今有機會將其整理，做有系統的全面展示，自然是讓人高興的事。

人在年輕的時候，看著年長者的所作所為，難免心想將來我也要這樣，或是我絕對不要變成那樣。大學時代參加社團，玩過生涯規畫的活動；其中要每個人在一張紙上，寫下自己五年、十年、二十年後以及到退休前希望成就的事。如今回想，不禁為年輕時的童驗啞然失笑；當年一廂情願的想法，與現實根本不能相比。人生道路諸多轉折，有時是自己的選擇，有時則是身不由己。年輕時總覺得事事操之在我，年紀愈長，發現自己能掌握的實屬有限。當年瞧不起的人與事，到頭來自己可能也好不到哪裡去。

個人這一生要說有什麼特別以及值得一書之事，大概要算活了兩個相當不同的前半生與後半生吧！自大學畢業考入研究所、踏入學術研究殿堂起，長達二十七年時間我都浸淫其中，未嘗離開；然而在那最後六年，我開始涉足科普書的譯介工作，不單連續翻譯了七本科普書，同時還開始在報紙副刊寫作專欄文章。之後迄今的二十一年來，我更完全脫離了學術研究，以翻譯、寫作為主業，兼課

為副業，又完成了十七本譯作以及四本著作。

　　我之所以會做出這樣的選擇，自然有家庭的因素，但更多的是一份想要完成自己夢想的心願。我只能說自己很幸運，兩個半生都能從事自己喜歡的工作，並且做出點成績。

　　從生物學的角度而言，每個生命都是隨機的產物，卻是獨一無二的存在。人之一生無論有多少成就，終將還諸天地。認真活過每一天，給親人、朋友及社會留下一些有形無形的影響與回憶，才是更重要的事吧?!

潘震澤

二○二三年十二月一日於美國密西根州特洛伊市

目次

第 *1* 章

我的童年

家世

　　我是第二代外省人，從小籍貫一欄寫的都是浙江吳興。吳興又名湖州，位於太湖南岸，自古人文薈萃，名人輩出。歷史上兩名交替使用，民國時設吳興縣，如今則是湖州市，吳興成為市轄區之一。事實上，父親老家是在吳興治下的德清，位於湖州與杭州之間的一個小鎮（如今是湖州市下設的縣）。父親用吳興作為籍貫，或許是圖個名頭響亮吧。

　　我的祖父潘濟民是西醫醫院學徒出身，隨醫院院長去上海學了五、六年本事後，就返回家鄉自行開起診所來。父親潘家驊生於民國十四年，是家中老二，上面有個大他兩歲的哥哥潘家駒。因此從父親出生到他小學畢業的十二年間，大概是他最無憂無慮、生活條件最好的時刻，也養成他有些公子哥兒的脾性。

　　民國二十六年抗戰爆發，家鄉也遭波及，父親隨著哥哥進了莫干山的一所補習學校就讀（莫干山是洋人避暑勝地，享有一些治外法權）。初中畢業後，又再進入浙西臨時二中就讀。民國三十三年，政府發起「十萬青年十萬軍」的號召，父親就投筆從戎，參軍去了。

　　民國三十四年抗戰勝利，父親來到上海，考入新成立的國防醫學院，並在學校與母親呂煥鳳結識：父親是牙醫系第六期，母親則是大學部護理系第一期。只不過他們入學還不滿兩年，就因國共內戰，於民國三十八年隨學校遷往臺灣。母親生前常說，他們當時都以為隨學校來臺，畢業後很快就能回家；沒想到兩岸對峙，不相往來，他們在臺一待就是四、五十年，直到過世。

　　然而父母親並沒有順利完成學業，就輟學成家立業去了❶。這個決定，改變了父母親的一生，也成了他們最大的遺憾。

記憶之前的童年

　　我對幼時的記憶開始得很晚，幾乎不記得任何六歲以前的事。至於我開始曉得人情冷暖，世態炎涼，是在我十三歲升初二那年。所以我記得的童年時光可說十分短暫，只有六、七年。

　　母親生前提到我小時候，總會說我是她四個小孩裡，出生時條件最好的。當年父母從國防醫學院休學成家後一年就生下哥哥（民國四十年）。兩年後輪到我出生時，父親已在臺北市衛生局任職；因此，我喝的是進口奶粉，還有女傭幫忙照顧。之後兩個妹妹出生時，就沒有我那麼「好命」了。

---

❶ 父親遭人誣陷為共謀，被警總拘押了一段時日；後雖無罪釋放，但因缺課，需留級一年，一氣之下與母親一起辦了休學，成了白色恐怖的受害人。

　　關於我和哥哥的名字還有段故事：當年父母隨學校來臺，之後結婚生子；民國三十八年後，兩岸音信難通，父親間接得知，留在家鄉的表叔先有了兒子，取名震亞，於是將大我兩歲的哥哥取名震球，說是「震動地球」要比「震動亞洲」更屬害。等到我出生時，父親就順著前例，給我取了震澤這個名字。

　　震澤是太湖的古名，至今太湖邊上還有個震澤鎮，現屬江蘇蘇州市吳江區，離湖州也不遠，顯然父親有思念家鄉之意。只不過我名字的三個字都筆劃繁複（每個字都有十五劃），難寫不說，想寫得好看更難，可是讓我吃了不少苦頭。這椿取名懸案一直到兩岸開放互通後，我們才知道表叔根本沒有給表兄取名為震亞，而是振先，所以我和哥哥的名字算是個美麗的錯誤。

　　後來父親在工作上與人起了衝突，就帶著一家四口離開臺北，開始在中學任教。他先是任職嘉義朴子的一所職業學校，然後又在西螺和南投的兩所中學待過；至於學校名稱，如今父母親都已不在，也無人可問。我只知道小我三歲的大妹佩玉是在西螺生的，我和哥哥還有一幀在西螺大橋前拍的相片。至於小我五歲的小妹佩芬則是在南投出生；我依稀有些印象她是在家裡生的，有助產士到家裡幫忙，我們幾個小孩則待在屋外的竹籬笆邊上等著。

　　至於父親頻換教書工作的緣由，我們兄妹幾個從未聽父母親提起，以前也不曉得問，如今則無從知曉。當年外省人來臺，多是人生地不熟，總因為有熟人介紹，才會前去某地工作，想必父親也是如此。

◆ 和哥哥攝於西螺大橋前

　　小妹出生後，父親又再度換了學校，這次是位於北部的省立中壢中學。當時的壢中校長是趙仰雄先生，對父親甚是賞識，於是我們便在中壢安定下來，我也在當地完成小學與初中教育。

　　我們家搬到中壢後，先是住在位於學校裡面的臨時教師宿舍。臨時宿舍沒有廁所，我們都用學校教室邊上的；只不過夜裡想要上廁所是個麻煩，校園裡黑漆漆的，我不敢一人去，還得拖著哥哥一同前往。

　　我們在臨時宿舍住了大概有一年多，就搬到新建好的一批學校宿舍。那是一批約二十戶獨門獨院的平房建築，位於學校大門一百公尺開外的馬路邊上，稱之為「尚義村」。每棟宿舍客廳、臥房、餐廳、廚房、浴室及抽水馬桶一應俱全，但面積都不大。臥室有兩間，爸媽住一間，我們四個小孩住一間（兩張上下舖）。以當時的標準而言，那已是相當不錯的住家了。

　　我小學念的是新明國小，離家也不過幾百公尺距離，走個十來

分鐘就到。小學六年期間，我過得無憂無慮，學校功課幾乎難不倒我，考起試來總是名列前茅，絲毫沒有功課的壓力，課餘時間都在讀各式各樣找得到的閒書。

愛看書的童年

我識字甚早，沒入學前就已讀了不少兒童讀物，也跟著大我兩歲的哥哥偷學，家裡有的一些藏書都被我翻遍，還經常吵著爸媽買書看。記得當時有本《兒童樂園》雜誌，香港印行，還套有彩色，是我相當喜愛的讀物；只不過售價並不便宜，中壢鎮上的小書店也沒得買，只有父親偶而上臺北時，才帶個幾本回來。

那時「東方出版社」針對學齡兒童，陸續出版了一些改寫的世界名著，以及中國古典章回小說，並加上注音。父親翻閱之後，覺得簡化太多，文字亦不甚佳，因此便要我直接看足本的原著。父親除了從壢中圖書館幫我挑過幾本外，其餘多是他有事上臺北時，在重慶南路的書街上從一堆較便宜的「風漬書」中挑選適合給我看的，書後頭都有商家大筆一揮的書價。

在小學二年級的暑假，我閱讀了第一本足本章回小說，是羅貫中的《三國演義》。現在想來，自己也覺得有些不可思議，因為幾本出名的章回小說裡，《三國》的文字算是最文言的了。但是《三國》的人物與故事，很多是我從小耳熟能詳（聽大人講故事及看兒童讀物得來），因此讀來絲毫不覺其苦。雖然認不得、不會念的字詞甚

多，但「讀書難字過」，似乎也沒有造成多大困擾。

　　接下來的幾年間，我陸續看了《水滸傳》、《西遊記》、《精忠說岳傳》、《封神演義》、《東周列國志》等十來本章回小說。每本都看過好幾遍，有些段落更是一看再看，絲毫不厭。

　　小男生看書，其實是看熱鬧，尤其崇拜英雄，恨不得自己就是書中武藝高強的主人翁，把惡人打得落花流水。碰到故事性不足或是有詩為證的段落，就快快略過。因此我只能算是讀故事書能手，對文字並沒有特別賞析，也談不上從中獲得什麼啟發。再怎麼說，我只是個早慧的小學生罷了。但早年熟讀章回小說的經驗，對自己在文字的運用上還是有不少影響，曉得純粹的中文應該是什麼樣的，也較能察覺及避免過於西化的中文。

　　由於父母都是老師，住的是學校宿舍，因此我有好些課外讀物是向鄰居借的，像是《皇冠》雜誌及早期瓊瑤的小說《窗外》、《煙雨濛濛》、《六個夢》、《菟絲花》、《幾度夕陽紅》等。看這些書時，我已是國小高年級的學生，對情愛之事似懂非懂，但已不那麼排斥。瓊瑤小說的人物性情，雖然多走極端，但故事性都蠻強的，文字也相當不錯，是當年我喜歡的讀物。我雖然從未買過一本瓊瑤的小說，但碰上了都會借來一讀。有人不願意承認看過瓊瑤的書，但我們都是這樣長大的。

　　上中學以後，我發現了逛書店的樂趣，也好意思在書店一站幾個小時不動，因此成為書店的常客。五十幾年前中壢鎮上只有兩三家書店，位於國際戲院斜對面及旁邊的兩家，是我每週六下午固定

報到之處。通常我會在一家逛上一兩個小時，再到另一家待上同樣的時間，以免遭到太多白眼。

　　一般來說，書店都不禁止顧客站著翻書看，不然他們就沒有顧客了；但書店最怕有人偷書，尤其是背著書包的學生，因此書店都雇有一些小妹不時盯著。由於我都是空手前往，也從無心做小人之事，故此不怕人看。

　　當年在書店，我是什麼書都會翻翻揀揀，從中學各科的參考書、一路翻到大學用書，同時從古典名著瀏覽至言情小說。年少的我一片白紙，求知慾又旺，不管看得懂看不懂，每本書都看上一二頁。有些書我會一翻再翻，幾次下來，站著也就看得差不多。有些書則是翻了一次，曉得是何內容，就不再碰。久而久之，我也看出一些門道，曉得怎樣在短時間內瞭解一本書的大概內容，以及適不適合自己細讀。

　　一般來說，一本書的序言及後記是我一定會看的部分，然後再看看書的目錄大綱，也就八九不離十。幾年下來，我對那兩家書店的書雖不敢說瞭如指掌，但只要說出書名，我幾乎都知道個大概，可以說上幾句。有幾次顧客進店，問店員某本書在哪裡，我甚至比店員還要清楚。

　　上書店查參考書，是我當年自修的方法之一。我從未補過習，一來不想增加家裡額外負擔，再來似乎也沒有迫切的需要。由於手上有哥哥留下的舊參考書，因此能省則省，只看新版增添的部分，及比較各家的長短。每次進了書店，我都會把該星期各科所上的內

容，對著參考書逐一複習，看看老師沒講解清楚的部分，書上是怎麼寫的。除了國文科不大看以外，數學、英文、理化幾科，都是我經常參考的對象。這習慣也一路伴隨我到大學，當遇到課堂上聽不明白的地方時，多半依靠自行閱讀教科書來建立觀念。

我雖然看「白書」的時候多，但書偶而還是買的，其中尤以英文方面的參考書最多。另外固定買的是由香港美國新聞處出版的《今日世界》，這本雜誌可說是美國的官方宣傳品，不但印刷精美，價格又便宜，在當年資訊貧乏的年代，是很吸引人的，也造成了一批批大學畢業生的留美浪潮。

我年輕時雖嗜書如命，但讀書並無章法也無目標，單憑興趣所至。五十幾年前臺灣出版業的規模不能與今日相比，科學類的書籍更是稀罕。記憶中有本李元慶編寫的《科學文粹》，以介紹科學新知為主，是少數讓我看得津津有味的科普書，也種下我後來從事科普讀物翻譯寫作的種子。

愛看電影的童年

從小我就知道看電影這回事，這不能不說是家學淵源。自有記憶起，每個星期總有一兩天的晚飯過後，父親就騎著自行車到中壢鎮上看電影去了。當年沒有電視，大家都七早八早的就寢，每次父親看完電影回來，我不是已入夢鄉，就是還在半睡半醒之間，聽著父母的對話。

　　上小學以後，我也開始曉得看電影是件有趣的事，經常和大我兩歲的哥哥央著爸媽帶我們上電影院。由於二位妹妹還小，不到一家人可以共進退的階段，所以全家上電影院的機會不多。

　　在我念小學二年級那年，一個週末午後，也許是受不了我們兄弟倆的懇求，爸媽第一次答應放我們單飛，自己去鎮上看電影。我記得那部片子是蕭芳芳、于素秋主演的《五毒白骨鞭》，還是上集。就這樣，我們兄弟倆開始了好些年一同看電影的日子。

　　每到週末，我們總會先想好要看哪部電影，然後就分別向爸媽請求。至於看得成看不成，除了電影本身有些影響外，就看爸媽的心情了。再怎麼說，當年物力維艱，願意花錢讓小孩看電影的人家還是不多。我們拜父親自己愛看電影之賜，比起同年紀的小孩，看電影的次數算是多的了。我們兄弟倆從合買一張半票進場起，到一張全票，最後是一人一張半票。而票價只記得最早是從一塊錢一張半票開始，後來一路漲到什麼程度，就無從記憶了。

　　小時候看的電影，多數是熱鬧有餘深度不足的片子，除了上述第一部的老牌港式武俠片外，還有二次大戰片、西部槍戰片、日本武士片、神怪片等，我都看得津津有味。

　　小時候看的國片，大都是香港邵氏及電懋兩家公司的產品，尤以前者居多。當年邵氏也學好萊塢拍些歌舞片，還有一些以抗戰時代為背景的文藝片，像《花團錦簇》、《藍與黑》、《星星月亮太陽》等電影。雖然那些不是我的最愛，卻是母親喜歡看的片子，所以我也有機會陪著一起看。

　　上小學高年級時，邵氏拍了部紅透半邊天的《梁山伯與祝英台》，引發好一陣子黃梅調電影的風潮。雖然《梁祝》我只看了一遍，但之後可是從收音機裡學會了整部電影的插曲，不時自己也唱上一段，那可是我最早的音樂啟蒙了。

　　小男生的最愛是武打片。老式的香港武俠片基本上不脫舞臺劇的形式，打起來總是虛晃一招，十足的花拳繡腿。後來才有胡金銓 (1932～1997)、張徹 (1923～2002) 等人拍的新派武俠片，動作較為乾淨俐落，也寫實的鮮血淋漓。

　　胡金銓是不能不提的人物，他早期的《大地兒女》就讓我驚艷，《大醉俠》更讓我著迷；主要是他的電影劇情引人、節奏明快，讓人入戲。他離開邵氏來臺後拍的第一部戲《龍門客棧》，可是轟動一時，捧紅了好幾位明星；接下來的《俠女》更達到他的事業巔峰，獲得了坎城影展的肯定。

　　電影結合了影像與聲音，加上各種特效與剪接，是說故事的最佳媒體，也難怪讓年少喜愛故事書的我沉迷其中。如果我們接受拍電影就如同說故事，那麼說一個吸引人的故事是重要的。一部不容易讓人看得進去的電影，不管再言之有物、發人深省，也討不了好。

　　在當年資訊閉塞、出國困難的年代，電影就像是一扇窗，可讓人看到外面的世界，帶給人無限遐想，也伴隨了我整個成長的時光。

體弱多病的童年

1.小兒麻痺

　　與兄妹相比，我出生時的家裡條件雖然最好，但好運並未一直跟著我；還不會走路前，我就罹患了當時讓人聞之色變的小兒麻痺症，高燒幾日才退，讓父母心焦不已。多年後我才知道，1950 年代初期正是小兒麻痺病毒在全球肆虐的最高潮，每年有幾十萬人感染了這種可怕的病症。我染上的那年 (1954)，沙克疫苗才在美國進行大規模的人體試驗，正式上市則是次一年的事。因此，同輩裡帶有小兒麻痺後遺症的人特別多；晚我幾年出生的，就享受到了疫苗接種的好處。

　　染上小兒麻痺除了有致死之虞外，更麻煩的是它的後遺症。由於該病毒特別喜歡侵犯控制肌肉的脊髓運動神經元，造成神經元死亡，連帶導致神經所控制的肌肉萎縮。對尚未發育完全的幼兒來說，萎縮的肌肉更引起骨骼的變形，而造成肢體的殘障；情況輕微者，還可以一拐一拐地自由行動，嚴重者就得靠金屬支架或枴杖支撐。

　　幸運的是我的情況還算輕微，只有左下肢受到了影響：除了大腿肌肉萎縮細弱，以及整隻腿短了幾公分之外，並沒有嚴重的畸形，照樣能跑能跳；但左腿的力氣總是比較弱，一不小心，就容易摔跤，造成膝蓋頭傷口經常不消。小學時代的我過得無憂無慮，並不覺得自己有什麼不同。只記得有回在路上被不認識的小孩叫聲 「ㄅㄞㄎㄚ」，我聽不懂閩南話，但擱在心上，好久以後才知其意。

　　雖然我的左腳變形有限，但左腳掌卻比右腳掌短了兩三公分，造成買鞋子的困擾：對右腳剛好的，對左腳嫌大；對左腳剛好的，對右腳就嫌小。當年物力維艱，家裡小孩又多，每人買雙新鞋都是負擔，哪有可能為我一人買兩雙一大一小、各只穿一隻的道理；所以通常是取其中間，對右腳小一點，對左腳則大一些。結果是右腳腳趾給擠得變形，左腳則常有走路掉鞋的麻煩。一直到我大學畢業，開始工作以後，才有了第一雙訂做的皮鞋。

　　學騎腳踏車也讓我吃過苦頭。當年沒有什麼專給小孩騎的車，都是成人規格，父親的那輛英製鐵馬就是我和哥哥兩人的練習用車。大我兩歲的哥哥沒多久就學會了，載著我跑來跑去。等我要學時，卻發現左腿使不上力，無法一面維持車子平衡，一面支持全身重量，讓右腿跨過後輪，騎上坐墊。練習期間我不知摔了多少次，傷痕累累。後來還是等我長得夠高以後，可以在車子停著的時候，右腿直接跨過椅墊一蹬而行，免去了左腿的辛勞。

　　真正對自己的身體產生自覺，且心生不滿，是在上了初中以後。當時情竇初開，喜歡班上女生，也就自慚形穢，對自己形同竹竿的左腿不甚滿意。除了有空就想辦法「鍛鍊」之外，還幻想有人造的假腿，可以套在自己腿上，穿上長褲後別人就看不出來。當年初中生規定夏天穿短褲，我從初二起還爭取到穿長褲的「特權」，無非是滿足自己小小的虛榮。

　　人的某些性向，究竟是先天帶來，還是後天養成，常不容易分得清楚。由於小兒麻痺後遺症，讓我對於各項運動，都不那麼積極

參與。當同齡玩伴在外頭瘋的時候，我則是在家安靜讀書的多。久
而久之，似乎就成了我的習性。

2.感冒與鼻炎

　　由於從小缺少運動，加上當年營養不夠充分，因此我經常傷風
感冒，發燒流鼻水，傷透父母不少腦筋。猶記得當年針對發燒的標
準療法，是吃兩片阿斯匹靈，蓋上厚重的棉被睡上一覺，醒來一身
大汗，燒也就退了。不過這只是治標之道，通常過幾小時體溫又會
高起來；於是，同樣的作法又再重複一次，搞得人疲累不堪。至今，
我還記得自己給壓在棉被下，滿身大汗又不敢亂動的痛苦感覺；有
幾回給壓得喘不過氣來，還出現幻覺：自己的唇舌手指都變得粗大
厚重不已，蠻嚇人的。

　　到了後來，我的不定期感冒，變成了每天發作的噴嚏連天及鼻
水直流；通常早晨剛起床時，情況最嚴重。有時一連十幾個噴嚏打
下來，全身虛脫無力，又燥熱不堪，十分痛苦；加上流不完的鼻水，
更是麻煩。一開始爸媽也不曉得是什麼問題，以為我又感冒了；但
每天來上一回，更讓他們擔心不已。過了好一陣子，才得出「過敏
性鼻炎」的診斷，但也無從治療起。為此，爸媽還帶我上過臺北一
趟，去給一位據說專治過敏性鼻炎的中醫師診治。一番望聞問切之
後，結果帶了幾包中藥回來，爸媽煎了給我服用。我只記得一堆草
藥裡有「蟬蛻」一味，心下有些發毛；同時煎出來的藥汁其苦無比；
至於療效嘛，當然是看不出來。

　　所謂「久病亂投醫」，有一陣子，我隨身攜帶一盒感冒藥「風邪

斯吧」，每天一早吞服一粒，感覺上對我的症狀有所幫助，雖然我根本不知道其中的成分及藥效。但我也發現自己開始出現一種奇怪的感覺，好似自己的腦子及全身有片刻的停頓。那種感覺很短暫，但也很嚇人，只有我自己知道，旁人似乎並未察覺我有短暫的魂靈出竅；多年以後，我修習了生理與藥理，才曉得那可能是非常輕微短暫的癲癇發作，也極有可能是由藥物所引起。在我停止服用風邪斯吧以後，那種症狀也就逐漸消失，從未再出現過。

　　久病也讓人變成良醫。我逐漸發現，起床時披件衣服，避免溫差過大，通常可減輕鼻炎發作。同時，早晨只要過了一半，症狀也會逐漸減輕，可說不藥而癒；因此之前的服藥，心理作用可能大於實質的藥效，反而造成難過的副作用。只不過在我研究所畢業、出國深造前，這項惱人的毛病始終沒有根治；大概和臺灣的氣候、居家環境以及空氣品質、溼度等都脫不了干係。

小學與初中生活

　　小學前四年我過得相當愉快，課業上游刃有餘，幾位導師對我都很好，同學們也相處愉快，所以我每天都高高興興地上學。當年還沒有九年國教，小學升初中需要參加考試，所以升上五年級後，學校為了升學重新分了班，把成績好的以及教職員子弟集中在兩班，跟我同班的就有七位老師的小孩。

　　五年級起一班有兩位老師負責，導師陳水木教數學，另一位鄧仁賢老師教國語。除了正常上課時間外，放學後還要多待一小時補課。其實我們的正課早早就已上完，大部分的時間都在做複習考或模擬考的考卷，其中大多是從校外購買的試題，老師手上則有出版商提供的標準答案。每次考完後老師在臺上念答案，同桌同學則交換互改試卷；但標準答案常有錯誤或爭議，尤其是閱讀測驗的理解題，我都會向老師據理力爭。當年體罰還很普遍，考不好的學生都會被打手心或耳光；但如果連成績好的學生也答錯了（尤其是幾位老師的小孩），老師就會放大家一馬。

　　為了準備升學考國語一科的作文，鄧老師每天都會出個作文題目要我們回家練習。老實說，當年寫過什麼題目與內容，我幾乎都忘光了，只記得有篇文章是〈我最喜歡的食物〉，我說是花生，還寫了句：「吃花生連放屁都是香的」。小學畢業後，鄧老師還把我的作文本拿去，說是要給低我幾屆的學生觀摩，讓我有些小虛榮感。

　　學生時代寫作文其實毫無章法，大多想到什麼寫什麼；我仗著書讀得多些，詞彙豐富些，文句也通順些，所以得到老師青睞。我對敘事抒情類的題目還可以發揮，但碰上論說文就頭痛，因為我自覺無論可說，徒然寫些老生常談、陳腔八股的句子，是我不願意做的。記得有回鄧老師在上課時間把我和另外一班的一位同學找去，要我們各寫一篇慶祝國慶還是光復節之類的文章，說是要參加縣級比賽，讓我寫得好不痛苦，自然也是沒被選上。

　　父親也愛舞文弄墨，不時以「小默」為筆名投稿報紙副刊，但退稿的多，刊登的少。念大學時，父親曾隨口說了句：「書讀了這麼多，也沒看你寫點什麼」，讓我耿耿於懷。老實說，直到出國留學前，我都不認為自己能寫出什麼與眾不同的東西。或許是書讀得多了，眼界也變得高了些，不願意寫自己不完全瞭解的事，更不屑於寫些人云亦云的話。這一點，還是跟個性有關：我愛讀小說，但自己不愛編故事，也缺乏幻想力；再來我理性重於感性，也寫不了風花雪月、抒情唯美以及有違事實的文章。所以多年後，我會從事以敘事說理為主的科普文章，其來有自。

　　由於高年級的學習生活甚是枯燥，我經常稱病在家休息個幾天，讀我的閒書（如前所述，小時候確實體弱多病，爸媽也就順著我）。還記得有回「銷假」上學，鄧老師意有所指地在課堂上對著全班同學說：「求學如逆水行舟，不進則退，更不要自以為聰明，就一曝十寒。」我曉得他在說我，心頭不是滋味，但也只能低頭聽著。

　　初中聯考時，絕大部分同學都以本地的中壢中學為第一志願，只有少數幾位去了臺北。對我們這些「身經百戰」的學子來說，初中聯考的試題簡單得可以；像數學許多人都考了 100 分，就靠國語分勝負。我國語考了 95.5 分，但數學粗心錯了一題，被扣了 5 分，所以總分是 190.5。當年的狀元考了 195 分，要是我數學沒錯那一題，狀元就是我了。即便如此，我還是壢中教職員子弟裡考得最好的；放榜後，鄰居有位老師對父親說：「你這個兒子不錯喲！」父親也高興地點頭稱是。父母不經意的稱讚，常給子女帶來莫大的鼓勵。

◆ 中壢新明國小畢業照（作者站最後一排右一）

愉快的初一生活

升上初一，感覺自己突然長大了，不再是個小孩。開學那天只有半天課，放學後，我和兩位同學穿著新制服，頭上戴著學校統一發的童軍大盤帽，從學校一路走到中壢大街上繞了一圈才回家。那種驕傲的感覺，至今難忘。

不知道是不是因為我們那年的教職員子弟特別多，學校按入學成績分出一個好班來，還是男女合班，外加幾位教職員子弟；至於其餘十班就都平均分班，且男女分開。帶我們班的導師是位師大剛畢業的年輕漂亮女老師，卻有個中性的名字：張裕東。她就像大姊姊一樣帶著我們，對我尤其親切。張老師家住中壢郊外的龍岡，該地是重要的駐軍所在，眷村尤多。有回週末同學聯袂去龍岡老師家玩，卻沒有叫上我，讓我好生氣惱。

　　雖然小學六年都是男女合班，但小男生與小女生幾乎從不交談，更不會玩在一塊。不過升上初一後，情況有了變化，男孩開始對女孩感興趣起來，許多男同學會刻意耍寶，吸引女同學注意，博取一笑。所謂「男女搭配，幹活不累」，男女同班上課也是一樣，平添許多樂趣；無論開班會、同樂會或辯論賽都熱鬧許多。只不過這種男女同班也只維持了一年，升上初二後，學校就把我們這班拆散了：男生還留在原來班級，外加一些從其他班轉來的同學；女生則打散併入其他幾個女生班。至於張導師也離職高就，我的愉快初一生活就此告一段落。

童年的結束

　　我念初一那年，父親還在壢中教書，哥哥念初三，這是我們家同時在壢中人數最多的一年。等我升上初二時，哥哥畢業到新竹住校念高中去了，父親也因故離開了壢中，到中部任教❷，家裡就只剩我一位男性，感覺自己一夜之間就長大了，不再一味天真浪漫，開始體認到生活之不易，也變得沉默寡言起來。

　　我成長於戰後百廢待興的年代，更是國民政府退守臺灣，一切克難從簡的年代，雖然物質與精神生活都屬貧乏，但也有單純樸實的快樂。年輕的爸媽離鄉背井，在沒有大人的指引與支助下自己做

---

❷ 父親擔任學校經費稽核委員會委員，因查帳問題與校方起了衝突；新任校長以不發聘書為手段，迫使父親離職。

了父母，帶大我們兄妹四個小孩，一輩子住公家宿舍，到頭來也沒留下一磚一瓦。人類學家說人類都是早產兒，出生後還要依附在父母身旁十幾年才得以獨立。我有記憶的童年期雖然短暫，但有父母的庇蔭，美好的回憶還是多於惡劣的，感覺自己還是幸福的，只是回想起來有些悵然罷了。

◆ 童年時僅存的兩張全家福之一

第 2 章

五育並進的竹中三年

由於中壢位於臺北與新竹的中間，因此成績好的初中畢業生基本上都不會選擇就讀壢中高中部，不是北上臺北，就是南下新竹，參加兩地的高中聯招；我是因為哥哥已經上了竹中兩年，所以也就跟進。高中三年，正是有志於學的年紀，我在竹中收穫了良師益友，培養了對古典音樂的愛好，也確定了一生的職志，事後來看，確實是影響了我一生的決定。

在當年，竹中在全國高中享有一定名聲，只不過那不是因為升學率，而是因為在辛志平 (1912～1985) 校長的主持下，竹中堅持了三十多年五育並進的正常化教學。辛校長常掛在嘴邊的一句話是：「高一時把高一的功課念好，高二時把高二的功課念好，高三時把高三的功課念好並加以複習，這樣還怕什麼聯考？還要什麼補習？」因此竹中一向是按正常功課表作息，絕不加重或偏廢哪一科，寒暑假也沒有補習。我在校時唯一的一次是高三的寒假為了彌補五月中畢業少了一個月上課時間，而提早開學一個月。像這種作風能一直堅持到民國六十年我考大學的時候是很不容易的，來自家長、社會的壓力可想而知。

　　其實早些年竹中的升學率還是很好的，不過那是菁英教育下的產品。一早竹中包括初中部與高中部：初中部有四班，高中部只有三班，可說是桃竹苗三縣菁英學子中的菁英都在這裡。1959 年起，國內逐步實施省辦高中、縣辦初中政策，於是竹中率先停招初中部，高中部則增至七班，之後一路增到十班左右。我入學前一年，從縣立高中又轉入近八班學生；於是從我這一屆起，入學考試就直接招收了十八班學生。

　　學生多了，整體素質難免下降，加上竹中的正常化教學，所以升學率逐年下降，造成家長與學生微詞不斷。雖然如此，高中三年我還是在沒有什麼升學的壓力下度過，除了學校課業外，音樂（合唱）、電影、閒書等課外娛樂，一樣也沒落下，也讓我受用一生。

　　竹中不按能力分班，就按入學名次一路往下分至十八班，然後再倒過來循環分配。像我是第二十名考入的，所以被分到第十七班實班❶。竹中的師資也都是經過精挑細選的，我高一各科的老師從國文、英文、數學、生物一直到體育、音樂、工藝都是師大本科畢業的年輕老師任教，而且一半以上還是竹中校友。這些老師教學都十分認真，課餘也都能和學生打成一片，我們有話也不怕同他們說，甚至還會跑到他們住的單身宿舍去找他們聊天。

　　我高一高二都在實班，高三則編入丙組班慧班。我的幾位好友，

---

❶ 當年竹中十八班的班名分別是忠、孝、仁、愛、信、義、和、平、誠、慧、健、樸、智、廉、勇、謙、實、恕，其中「誠慧健毅」四字是竹中校訓，但毅與義同音，故此不用，改成了樸。

除了合唱團的團友外，都是高一實班的同班同學，包括項國寧、張世珏、馬逸、劉永柱、邱廷浩、張昌宏、陳博宗、周廷檀等。人在年輕時能遇上這麼多談得來的朋友，實在是非常幸運的事，也格外讓人懷念那段朝夕相處的日子。

◆ 高一全班同學於游泳池合照（前排中為導師吳子明教官；作者站第三排右一）

竹中的音樂教育

　　竹中的音樂教育，尤其是合唱，在當年可是全省知名。說起來，音樂一科在竹中也只是一門和體育、美術、工藝一樣受重視的「副科」，它之所以出名乃是由於竹中有一位好老師之故。蘇森墉(1919～2007) 先生是竹中元老之一，才華洋溢，無論指揮、作詞、作曲樣樣都行，其浪漫不拘的藝術家個性極重，脾氣好時可以把學生捧上天，壞起來把學生罵個狗血噴頭是常事。外人實難想像以蘇

老師這種個性怎能教我們這些毛頭小伙子一教三十餘年而不厭煩，其中緣由自然很多，以我來看，辛校長的知人善任及蘇老師對合唱的熱愛是兩個最主要的因素。

打從還沒跨進竹中大門，家兄就告訴我進竹中後一定要參加合唱團或管樂隊方不虛度，同時他還談了一些兩團的光輝傳統，聽得我嚮往不已。因此之故，高一上開學沒多久，我便主動去找高一的音樂老師吳聲吉，表明要參加合唱團的意願，班上同學受到影響陸續加入的有十數位之多，竟成為全校合唱團團員人數最多的一班。

竹中合唱團和校內其他十數個社團一樣是竹中課外活動的一項，指導老師只拿象徵性的車馬費，而且團員也全是自動加入，並不強迫，同時也沒有限制歌喉不佳的同學參加；因此合唱團團員大都是喜歡唱歌、愛好音樂的同學，大家的感情也分外濃郁。我進團時，竹中合唱團已蟬聯了九屆全省高中高職組的合唱冠軍，樂評家一致認為是超過中學水準的合唱團。

學期中每天清晨七點半至八點全校師生舉行升旗典禮時，就是我們練習發聲的時候。首先大家各自練習腹式呼吸，方式是兩肩放鬆，利用橫膈膜的收縮迅速吸氣，然後緩緩呼出至最後一口氣，就這樣週而復始做個五到十分鐘，不論再冷的天身體都會暖和起來。接著由一位團員司琴起音，大夥便順著音階反覆上升或下降，其中包括各種音階及母音的練習。就這樣每天早上半小時的練習，大夥對聲音的控制逐漸純熟起來，唱起歌才稍有表達力。

至於正式練唱的時間是每天下午放學後的一個小時。由於大部

分團員都是加入後才接觸合唱，談不上有什麼修養，因此每唱一首新曲子蘇老師都是一部一部練起，一段一段來。這種方式給了我們很多機會去體認一首合唱曲的構成，像什麼地方是和聲，什麼地方是對位，什麼時候哪一部要加強，什麼時候又要減弱等。而每當第一次四部合在一起的時候，大家都會興奮得忘了一切，只顧唱自己的一部。但蘇老師對音樂的要求是毫不妥協的，他絕不會讓我們「盡興」唱完，每每一個開頭，幾個小節就要反覆練上十來遍，直到我們耳中不再只有自己的聲音而能融入一體時才算差不多。

　　老實說，我們這群半大不小的高中男生，聲音並未完全成熟，要四部音色分明，高的高，低的低，著實是不容易的。而竹中合唱團的成功，就在於蘇老師力求完美的要求下，一遍遍的苦練中達成。這比起許多學校的合唱團為了比賽、為了公演而練習，實不可同日而語，而水準的高下自是顯而易見的了。所謂身教重於言教，蘇老師對音樂的愛好，對完美的追求，表現在合唱上，對年輕的我們真有著潛移默化的作用。之後我從事研究、寫作與翻譯工作，莫不是由興趣與熱情在背後支撐，才會願意投入更多時間，精益求精。

　　竹中對清寒優秀的學生設有特別的獎助辦法，只要上學期成績平均在七十五分以上，操行甲等的清寒學生都可以獲得學雜費全免的優待，並無名額限制。由於竹中考試嚴格，各科並重，故每班得此榮譽的不超過二、三名，甚或沒有。我自高一下起拿了四個學期（高二上貪玩，成績差了一點），每次註冊只需新臺幣三十九元，對於有四個孩子的爸媽來說是最好的禮物。

　　此外，學校還有工讀生的設立，各在音樂教室、工藝教室等處幫忙，每月可領新臺幣三百元。我自高二起由音樂老師推薦，請得音樂教室的工讀生一職，負責抄譜、看管琴房的工作，一直做到高三畢業。還記得我拿申請書進校長室請辛校長簽字時，他只看了一眼蘇老師的簽名，就問也不問地簽上自己的名字，蓋上章叫我到事務處去領錢。我相信新竹中學每年的經費不會比其他省立高中為多，但辛校長一分一毫都用在學校和學生身上，這種胸懷怎不讓人佩服！

　　抄謄樂譜對我也是全新的經驗，沒畫過五線譜的人大概永遠也不會注意到樂譜上所有的細節，及文字與符號所代表的意義。張繼高 (1926～1995) 先生寫過：「學醫學理工的人常比學文史的更容易接受古典音樂，因為音樂本身有嚴謹周密的數學性存在。」這一點只要抄過一份合唱樂譜就可有些體認，像一個小節有幾拍、能有幾個音符、每個音符占多少拍、上下幾部的拍子是相同或是交錯，在在引人入勝。我一開始便喜歡上這項工作，但每次都不甚滿意自己畫的豆芽菜，每每看到蘇老師自己寫的樂譜既美麗又有個性，真有天淵之別；不論如何，那一段訓練讓自己對音樂的結構有更深的體認，雖然知道成不了專家，但也算是比較有程度的業餘愛樂者。

　　當上音樂教室的工讀生除了每月有津貼外，還可以免費住在位於科學館一樓樓梯間的琴房。所以自高二起，我便搬出學校宿舍，搬入琴房居住。當年竹中大門沒有門禁，也沒有門房，進出全不受限制。所以週日夜間我也經常騎車外出看電影、逛書店或聽音樂會，渡過兩年自由自在的高中生活。

比賽與演出

　　我高中三年都在合唱團，一直沒有退出，我的一批好友也都跟我一起堅持到底，這在當年升學壓力下算是異數。竹中畢業時有頒發音樂獎章一項獎勵，那年畢業生獲得的人數特別多，大都是合唱團的團員。

◆ 竹中合唱團高三畢業班團員合影（中間三人為蘇老師、伴奏與吳老師，作者站最後一排左三）

　　我在合唱團三年練過不少曲子，也參加過不少演唱會，值得一記的事不少。像民國五十七年我高一剛加入合唱團時，就感受到一股壓力，因為來年春天我們便要衛冕第十次的全省高中合唱比賽的冠軍寶座。為此蘇老師選了兩首曲子，一是陸華柏 (1914～1994) 作曲的〈故鄉〉，由他親自編曲，另一首是十六世紀作曲家 Palestrina 譜的聖歌〈基督今夜誕生〉(*Hodie Christus natus est*)。

　　那年的比賽在臺中中興大學舉行，我是新生，並沒有與會，所以不知實際比賽的情況如何。我只知道那一年竹中合唱團被評為第三名，飲恨返校。那時有多少人為竹中感到可惜，包括中廣「音樂風」的主持人趙琴 (1940～)，但都改變不了結果。蘇老師只告訴我們唯有來年捲土重來，再接再厲。

　　我高二那年參加比賽的選曲是青主 (1893～1959) 作曲的〈大江東去〉及美國福斯特 (Stephen Foster, 1826～1864) 的創作名謠 *Ring the Banjo*。〈大江東去〉原是獨唱曲，早些年蘇老師就編成男聲四部合唱曲，其中澎湃激昂處，亦有婉轉隱約，是蘇老師少數流傳較廣的編曲。至於 *Ring the Banjo* 則仿美國羅勃蕭 (Robert Shaw) 合唱團的編曲，並加入蘇老師自己的一些風格，是相當討好的曲子。我一直記得為了練其中的英文歌詞發音、以求唱得快而不亂，蘇老師一遍又一遍地同我們邊打拍子邊念歌詞的情景。

　　那年比賽在臺北國際學舍舉行，結果我們如願以償地拿回了冠軍的寶座，成為「十冠王」。再一年，主辦的單位便不要竹中合唱團參與比賽，我們便以示範觀摩的角色作演出。

　　我高二那年，合唱團除了練比賽歌曲外，還多練了十來首歌，包括〈上山〉、〈踏雪尋梅〉、〈道情〉、〈谷關之夜〉、〈星之海〉、〈諧謔小夜曲〉、*Ave Maria* 等曲子，多數是蘇老師自編自作的曲子，因此獨力開了幾場演唱會。首先在全省比賽獲得冠軍後，全團就浩浩蕩蕩殺到臺中，在前一年的傷心地中興大學的惠蓀堂舉辦了一場演唱會；據蘇老師說，是為了前一年答應過在中興的校友們："We shall return!"。此外，我們在新竹社教館及清大附近光明新村的禮堂也各舉辦過一場。

◆ 竹中合唱團演唱會（指揮蘇森墉老師，作者站第二排左二）

那一年，中視方成立不久，我們曾應趙琴之邀上過電視，演唱李抱忱 (1907～1979) 博士編曲的〈滿江紅〉，同時也在李抱忱先生的作品音樂會中演唱過該曲。李先生曾特地到過新竹中學，聽我們練唱，並指揮我們唱了一遍〈滿江紅〉。李先生長住國外多年，退休後回國一心想提倡樂教；只可惜他不知臺灣多默默工作者，需要有識之士的肯定與支持，但並不需要外人領導。我後來在臺大念書時還同一位仰慕他的同學去「自由之家」看過他一次，他用拍立得相機與我合影，送我一張作紀念。

我高二那年，竹中合唱團還有一場盛會，就是聯合了新竹四所高等中學（竹中、竹女、竹商及竹工）的合唱團及竹中的管樂隊在社教館演唱了吳伯超的〈中國人〉、劉德義編曲的〈反攻復國歌〉、

及劉德義作曲、蘇老師編曲的〈討毛救國歌〉。這三首曲子的規模都相當龐大，我們從暑假就練起，為此還到過新竹女中一次。但當年自己實在害羞，心裡雖想，但也沒敢同哪位竹女的學生說上一句話。音樂會成功結束後，一切也就歸於平淡了。

竹中的音樂薰陶

　　由於在校三年期間都是合唱團員，因此學期中，我幾乎每天都見得到蘇老師，加上我是音樂工讀生，與蘇老師的接觸比一般團員更多。只不過在校時，我對蘇老師是又敬又怕，多在一旁聽講，不敢同老師說什麼話；但老師的身教與言教，可是永誌不忘。在此只舉兩個例子。

　　蘇老師的眼界高，又心直口快，連我們學生都知道他經常得罪人。有天放學後練唱，蘇老師氣急敗壞地同我們說，前一日他在縣級音樂比賽中擔任評審，講評時對某校合唱團的演唱說錯了一句話，當天一大清早他就搭頭一班客運趕到該鄉下中學，在升旗典禮時對全校師生道歉。蘇老師這種嚴以律己、勇於認錯的態度，留給我很深的印象與影響。

　　蘇老師在指導我們練唱時，是絕對嚴肅認真的，任何小地方都不願意放過；但他也不全是一板一眼，除了音樂外，他還會同我們談他對文學與電影的看法。有回老師隨口說了一句：「昨晚看了部電

影，叫《愛你想你恨你》❷，亞蘭德倫 (Alain Delon) 演的，還不錯；只不過裡頭有點色情，不適合你們看。」結果是他不說還好，一說大家都跑去看了。可見蘇老師對我們的影響力有多大。

　　蘇老師除了指導我們合唱，他的許多想法對年輕時代的我影響是蠻大的。他不要我們小看自己只是個高中生，而要以受過良好訓練的「小音樂家」自許：無論上臺演唱、或在臺下欣賞，都要有一定風範。同時，他經常教我們辨別音樂的好壞優劣，其中雖不乏他的偏執，但他的話也讓我一再深思，最後變成自己的想法。他不要我們只以成「匠」為滿足，而要在音樂的本質上追求。想來這種薰陶，對我後來走上研究、探索生命奧祕這條路，不無影響。

　　同時，蘇老師對人對事的臭脾氣，我也學到一些。我這一代的機會比上一代好，受到的限制小一點，但到一定階層，還是免不了「人」的因素。這一點上，我倒羨慕蘇老師一直有位知人善任的辛校長在幕後支持，得以放手去做，使得竹中合唱團在臺灣的音樂教育史上成為一朵奇葩。所謂千里馬也需有伯樂賞識，辛校長每每自謙不懂音樂，但他曉得美育對青年的重要性，所以賦予蘇老師極大的自由與尊重，是相當難得的。

　　進竹中就讀並參加合唱團，對音樂的見識固然與日俱增，但有機會接觸心儀已久的樂器：鋼琴，更是令人高興。由於我就住在琴

---

❷ 這部片子是英國片，但是在法國與德國拍攝，其法文片名是：*La Motocyclette* (1968)，英文片名是：*The Girl on a Motorcycle* 或 *Naked Under Leather*，算不得什麼名片，但在當年封閉的臺灣，還是有吸引人之處。

房裡，除了定期有同學登記來練習外，多數時間那架頗有歷史的老
鋼琴等於屬我專有。我也像當時多數初學者一般，以拜爾教本為準，
自己一首一首地練將起來。到我畢業的時候，整本教本差不多也已
彈完，開始練習小奏鳴曲。由於從來沒在老師面前彈過，指法也不
大講究，所以一向只敢自娛，不敢娛人。直到今日，我也還停留在
小奏鳴曲的程度，沒有什麼野心。但對一個從小沒有機會接觸樂器
的我來說，已是相當的滿足，別無所求。

◆ 作者於琴房練琴

　　至於竹中兩年音樂課的內容，有視唱練習、基本樂理及音樂欣
賞等，純歌曲教唱倒不多。竹中有專屬的音樂教室，在當年即裝有
相當出色的音響設備，是以教育器材申請進口的；但調頻器部分被
拆下，只剩放大機、唱盤及兩個大音箱。我記得上課時播放過德弗
乍克的〈新世界交響曲〉及貝多芬的〈田園交響曲〉，那種全班一起
專心聽音樂的感覺真是美好。這種經驗不用多，嚐到滋味的人自己
會再去找音樂來聽，老師只需做播種的工作。

　　另外蘇老師還出過一個大題目給我們，他要我們聆聽貝多芬幾首著名的交響曲，並記住其中各樂章的主題。我記得那一陣子攪得大夥人仰馬翻的，我還買了本「全音出版社」印行的《交響曲主題》一書，在學校鋼琴上逐一彈出。至於後來蘇老師到底有沒有當真考試，已不復記得。

　　當年的古典音樂唱片都是翻版的，早期有亞洲唱片，後來以松竹、鳴鳳兩家為主。當時的翻版唱片，其實都是經過挑選的名家演奏，張張都極精采。我尤其喜歡松竹發行的唱片，因為封套背面都有邵義強 (1934～2017) 先生撰寫的樂曲及演奏者的簡短說明。以今天資訊暢通的眼光來看，邵先生的說明不見得有什麼了不起，但在資訊貧乏得可以的當年，那些說明對初入門的我有很大幫助。我常是在唱片行中讀了說明後，買下一些我從未聽聞的曲目，聽後也非常的喜歡。

　　我開始買唱片的時候，翻版的古典唱片是十塊錢一張，後來一點一點漲價，就不記得漲到多少錢一張了。總之，從上高中起到我出國念書為止，一共收集了一百二十來張的唱片，每一張分門別類編號，登記在記錄卡上，一索即得。多年後，我回國工作，那些唱片也灰霉得不大能聽了，但記錄卡我還保存著，是永遠的紀念。

　　多少年來我都是以家裡一臺老式的大同電音聽我的唱片，一直到我出國，沒有過第二套的機器。我高中起便離家住校，因此唱片是週末及放假回家後才有機會聽到。音樂確實是要用「心」去聽，年輕的心則是最開放也最易感的；我常常聽到某些樂段感動莫名，

而起雞皮疙瘩或有想哭的衝動。年行漸長，就愈沒有那樣的感覺了。

　　由於古典音樂的樂段強弱起伏甚大，加上翻版唱片的雜音，我除了音量開得不小外，常常耳朵要貼近音箱才能聽得清楚。家人常笑我愛樂成癖，但也還都容忍我吵他們，沒為聽音樂起過什麼衝突。由於我是從克難的方式開始聽音樂，所以對於硬體設備不太挑剔，總覺得有好的音樂聽才是最重要的 ; 我反而不能認同一些坐擁Hi-End 名機，但不曉得要聽什麼「音樂」的人。

　　談到聽音樂，不能不提當年一起聽唱片的人。我因為住校，除了放假回家才有唱機可聽音樂外，平日只有靠住家裡的同學。我最常去一位項國寧的家裡，除了聽一下午的音樂外還兼打牙祭。高三以後，他家搬到臺北永和，也成為我大學時代常跑的地方。國寧對音樂、文學、電影樣樣興趣濃厚，不時給我新的刺激，屬於「多聞」的良友。他在美國世界日報任職多年，回國後歷任聯合報系各報主編及社長。

　　另外與我一起擔任工讀生的張世珏位於臺北忠孝東路的家，也是我大學時代經常消磨、打尖之處；我經常捧著閒書及新買的唱片就到世珏家耗上半天一天。現在回想起來，有一些汗顏，更有無限的感激。世珏的另一半還是內子介紹成功的。他來美取得電腦博士學位後，便一直待在美國波士頓地區。另外一位張世儌，是世珏的堂兄弟，家住臺中，我也叨擾過數次。世儌後來成了建築師兼業餘作曲家，曾以鄭愁予的詩譜曲出版，後來又當了電視劇製作人，得過兩座金鐘獎。

我的生物學啟蒙

由於父親教的是生物，母親教的是護理，從小家中書櫃就擺滿了「博物」、「生理衛生」、「護理」以及「生物」的教科書，任我翻閱。加上小時候體弱多病，連帶對自己身體的運作產生濃厚興趣，像血液怎麼循環、食物怎麼消化、肺怎麼換氣等，我都迫不急待地想知道，也不費什麼力氣就記得清清楚楚。

進入青春期後，最吸引我的當然是生殖生理的問題，包括自己身體的變化以及異性的種種。這部分的資訊，在當年初二「生理衛生」課本的第八章有所介紹，但多數老師會跳過這一章不上，搞得小男生小女生提起這一章，都會害羞紅臉，以為有什麼見不得人的內容。我則是仗著家裡有書，還沒上課前就不知翻了多少遍。

饒是如此，該章內容除了介紹男女生殖系統的構造，及青春期的變化外，對男女之事隻字未提，因此我也還是懵懵懂懂，一知半解。當年剛開始有家庭計畫的宣導，並介紹保險套、子宮環等避孕法，我就頗為納悶，男性的精子是怎麼進到女性體內、讓卵子受精的。大我兩歲的哥哥比我懂得多一些，告訴我男的得把那話兒放進女的身體裡才成；我覺得不通，反駁說，如果真是那樣的話，男女不做那檔事不就結了，還要避孕器材幹嘛？當然啦，再過幾年等自己也「發育」了，就曉得哥哥所言不虛。

我對生物學真正的入門，還是高一修習生物學那年。當時國內剛從美國引進 BSCS 的新生物教材，我就讀的新竹中學是全省生物

教學示範學校，因此用的是實驗性教材，由師大戈定邦教授翻譯、商務印書館出版的厚厚兩大冊全譯本，而非後來各家改寫的節本。

中外教科書最大的差別，在問題的說明及解釋上：國內教科書重事實、現象及定律的陳述，說明則減至最少，特例則多不提，所以都是薄薄的一本。美國教科書則由淺入深、不厭其煩地從基本觀念一路衍生到結論；多數理論都有實例及驗證支持，甚至也提出不同的講法，而不只是現象陳述而已，所以多是厚厚的一大本。

讀國人編纂的教科書效率高，背背重點就可以了，但也無趣得很，常知其然而不知其所以然。讀國外的教科書則較花時間，有時還可能忽略所謂的重點，對考試不見得有利；但一旦讀進去了，則有融會貫通之感，自己也比較能說出個道理來。我當年讀高中生物教本時就有這種體認，覺得像讀故事書一般，一步一步地進入生物學諸多領域之中，也讓我早早就決定了走生物醫學這條路子。

我高一的生物老師是楊良平先生，方從師大生物系畢業、服完兵役沒多久，比我們大不到十歲，就像個大哥哥一般。我對楊老師上課的內容已無多少記憶，只記得他曾冒出一句：「你們洗澡的時候，記得把陰莖包皮也褪下來洗乾淨，免得藏污納垢」，印象深刻。

生物實驗課本裡的實驗，我們幾乎每樣都做，從顯微鏡使用、觀察草履蟲、解剖癩蛤蟆，到唾液澱粉酶作用等，都記憶深刻（最後一項實驗要吐好多口水到試管裡）。談到解剖癩蛤蟆，可是楊老師的變通之道。為了節省購買青蛙的經費，也為了讓更多人有動手的機會，楊老師說我們可以自行到野外抓癩蛤蟆使用，同時抓得多了

還可以加分。於是我和幾位住校同學，天黑後帶個手電筒以及幾個袋子，就到學校後面的十八尖山上抓癩蛤蟆去了。我們發現只要把手電筒對準聒聒叫的癩蛤蟆一照，牠們就呆若木雞，任我們手到擒來，滿載而歸。

那一年，楊老師看我們班有幾位「可造之材」，就要我們試試看做個實驗參加縣級科展。他的建議是：我們可以來看看維管束植物的虹吸作用。結果我們幾位同學花了一個星期天的時間，在校園及十八尖山閒逛，摘了些樹枝回來，插在試管裡，結果是什麼也看不出來，也就不了了之。我唯一的心得是：做實驗不是光憑想像就可以成功的，土法煉鋼更是難成大器。

至於研究該怎麼做，我也是到了上研究所後，才逐漸有所體認。首先我們得做些文獻回顧的工作，看看之前有沒有人做過類似的研究、得出什麼樣的結果、還有什麼沒解決的問題，以及有什麼可行的實驗方法可以使用，並得出可信的結果。要是這些準備工作沒做好的話，那麼注定是得不出結果的。

第 *3* 章

臺大動物系的日子

大專聯考

我很早就確定自己想走生物醫學的路,探索生命的奧祕以及生物運作的原理,所以升上高三後,便選擇了丙組。當年資訊貧乏,我們對大學科系幾乎沒有任何瞭解,就只是按前一年的錄取分數依序填寫。當年丙組包括醫學院與農學院各科系,以及隸屬理學院的生物系(臺大分成動物系與植物系)與心理系。由於私立醫學院的學費甚貴,我完全不予考慮,所以我的志願表很簡單,就只填了臺大的所有丙組科系,再加上師大、輔仁及東海的生物系,總共不到二十個志願。

那年的大專聯考試題出奇簡單,整體的錄取分數提高了二十分以上。考完後我自己算算,認為按去年的錄取成績,應該上得了臺大醫科,沒想到考得比我好的人更多,我只上了第五志願,臺大動物系的漁業生物組。

沒有考上第一志願臺大醫科,我只有些許懊惱,並沒有太大失望。年輕時候理想主義重,一心只想專研生物科學,對於當不當醫生並不放在心上。入學後,我反而慶幸自己身在學風自由的理學院,而不是古板教條、講究階級的醫學院。

動物系所學何事？

　　在臺大，動物系算是出名的單位，理由無他，占地利之便也。多年來動物系系館就位於一進校門口右手邊第一棟古色古香的三層樓建築，該樓又稱「一號館」。不只臺大師生，就連前來臺大參觀的遊客，也經常會晃進來瀏覽一番，並解手方便。其實，動物系只占了一號館約三分之一的地盤，其餘則由植物、農化及植病等系使用。然而，動物系所在的一、二樓最靠近校門口，同時一樓進口以及走廊都擺滿了動物標本，走廊頂上還吊掛著一副小型鯨魚的骸骨，不由得讓人留下深刻的印象。不過，老式建築的採光並非十分良好，當年燈光照明也不足，再加上標本老舊沾塵，難免給人一股陰森之感，尤其是在夜間。

◆ 動物系同學攝於一號館前（作者坐前排左四）

　　動物系屬於理學院，理學院的英文是 College of Science，顧名思義，動物系所學是頗為科學的，換句話說，就是不怎麼實用。

　　動物學是門古老的學問，也是龐雜的學門，其英文 zoology 的字頭，與動物園 (zoo) 相同。因此，動物系學生最常聽到的一句話就是：「喔，你畢業了可以當動物園園長。」再來就是：「你一定很會養動物囉！」以及「你會給動物看病？」針對這些問題，每位動物系的學生一開始都會想辦法解釋：養動物是畜牧系做的事，給動物看病是獸醫系的訓練；同時，動物系也不包括動物園管理的訓練。於是，發問者滿臉狐疑：「那……動物系到底教些什麼呢？」

　　老實說，進入動物系就讀之前，我也不曉得動物系到底教些什麼。當年資訊不發達，沒有大學科系指南一類的書籍，網站就更別提了。要說我完全不曉得動物系教些什麼，有點誇大，但我也只是把高中生物學的內容加以放大想像，一心以為進了動物系，當可對生命的奧祕有更深入的瞭解，只可惜不完全是那麼回事。

　　臺大動物系還分成兩組：「動物生物組」（簡稱動生組）和「漁業生物組」（漁生組）。漁生組是因為臺灣四面環海，政府為了發展漁業才成立的分組；當年，我考上的就是漁生組。入學後，我發現漁生組除了專注水生生物的生物學外，還包括水產養殖及魚類病理等應用之學；到了高年級，漁生組的同學都要到全省各地的水產試驗所實習。從畢業後找工作的角度而言，漁生組其實是不錯的選擇，但對於一心想要探究生命奧祕的筆者來說，感覺上就有點差距。再來，大一的普通動物學實驗裡，有一回排的是週末到基隆八斗子海

邊採集水產標本；我發現自己完全不喜歡田野工作，也沒興趣整理採集得來的標本。於是，大一升大二的暑假，我就轉到了動生組。

動物系的基礎課程

五十多年前的臺大雖是全臺一流學府，但由於戰亂及海峽兩岸的分隔，師資其實是相當薄弱的。我考進動物系時，專任老師裡就沒幾位擁有博士學位者，大二以後才陸續有系友學成返國任教。雖說有博士學位不代表一定就有學問，但總是經過一定學術研究的訓練，也比較曉得做研究是什麼一回事。

動物系前兩年的課程都是傳統的形態分類之學，對於一心想探索生命奧祕的我來說，可是相當地繁瑣枯燥。形態學課程先天就不討好，要上得生動有趣並不容易；再者，形態若脫離了功能，也就成了死知識。不幸的是，傳統的劃分經常如此死板，一路受傳統訓練出來的學者，也難以跳脫。

動物系的課程一直要到大三起，才稍微有趣一些，也多些選擇與變化。「生理學」與「生化學」是大三的重頭課，是我期待已久的課程；修過這兩門課之後，才讓我對生命的運作原理，有了較深入的認識。不過，修習這兩門課的過程，卻給我帶來相當大的挫折感，差一點連原有的興趣也給抹煞。其中緣由，都與授課方式有關。

生理學可說是與解剖學一樣古老的學門，解剖著重構造，生理著重功能。先前，我對於比較解剖學及組織學只談構造、避談功能

的教法已感不耐，所以特別憧憬大三的生理學，沒想到授課的老師卻是以一手拿著筆記，一手抄在黑板上，然後念過一遍、擦掉又繼續開始寫的方式進行，讓我完全沒辦法接受。生理學談的是所謂「生命的道理」(the logic of life)，可以「吾道一以貫之」的方式講授及理解。只可惜我從老師的授課中，完全體會不出這一層。

至於我修的生化學 (乙)，是由化學系開給所有外系學生選修的課；記憶裡一間老式的長方形大教室，並無階梯，其中塞滿了上百位學生，坐在教室中後方的人，聽、看都很困難，整體而言不是好的學習經驗。基本上，我都是靠自己閱讀幾本寫得還不錯的生理及生化原文教科書，建立起基本的觀念。

大三這年還有「生物統計」、「細胞學」及「發生學」等必修課程，此外，我還選修了農化系的「微生物學」。生統是由一位農藝系的老師授課，用的是他自己編著的課本。不幸的是，該老師的授課方式也是在黑板上寫滿密密麻麻的公式，而講解不多；我除了讀他寫的書，依樣畫葫蘆作計算以外，統計的觀念可是完全沒有學通。直到念研究所時才因為修了林曜松 (1942～) 老師的「取樣生物學」，重新把統計的觀念弄通；後來動物系由林老師自己開生統課，我還擔任過他的助教，此乃後話不表。

比起來，我到農化系選修的微生物學及實驗，卻是相當不錯的經驗。這門課也是農化系本身的重頭課，我和幾位動物系同窗夾在數十位農化系學生當中，倒也沒有外人之感。主要是授課老師講解清楚、言之有物，滿足了個人求知的慾望，那可是進動物系幾年來，一直感覺有所欠缺的。

　　至於大三下修習的「發生學」，也值得一記；那是多年來動物系少數學成歸國的系友黃火鍊 (1942～) 老師所開的課。黃老師是加拿大溫莎大學 (University of Windsor) 生物系的博士，專長生殖生化學。黃老師自己打字編寫教材，給我們扎實上了一學期課。我一共修過黃老師開的三門課，當助教時，也擔任過黃老師的兼任研究助理。多年後，我還造訪過老師在加拿大溫莎市的家，離我居住的美國底特律市，只有一河之隔，我與黃老師的緣分可算不淺。

　　大三的「細胞學」及大四的「遺傳學」，都是由系上與中研院動物所合聘的黃仲嘉 (1932～1995) 老師擔任。大四起，他更接替梁潤生 (1914～2002) 老師擔任系主任及所長，正式轉到系上專任，成為動物系的大家長。仲嘉師是美國羅徹斯特大學 (University of Rochester) 博士，專精細胞遺傳學，尤其擅長顯微鏡學。他的一絲不苟與黃火鍊老師的不拘小節，分屬相當不同的個性。

　　仲嘉師是我生命中的貴人之一，他在我讀碩士班時支持我選擇所外的指導教授、提供我暑期工作機會，並讓我畢業後擔任助教，都讓我感激萬分。我準備出國進修時，也曾請教仲嘉師是否應該申請留職，他給我的建議是不必自縛手腳，保持自由身較佳；我聽了他的話辭職出國，後來也認為是正確的決定。

　　動物系四年級必修課程只有「遺傳」、「生態」及「專題討論」，其餘都是開在研究所的選修課。「專題討論」並不是一門課程，卻是每個科系所都會開的課，對大四及研究所的學生來說，那是讀論文、找資料以及上臺報告的最佳訓練。大四一開學我們就從老師拿來的

幾本外文期刊中，各自挑選一篇文章作為報告的內容；每次上課，則有二到三位同學上臺報告。

　　閱讀所謂的原創論文，對一路讀教科書上來的筆者來說，是全新的經驗，也是相當有用的訓練。我幾乎把整篇文章的每個生字都查了，參考文獻所列的每篇文章也都想辦法找到；不過，總有一大半引用的期刊及書籍是國內沒有的。

　　當年系上的視聽器材極為缺乏，沒有投影機可用，也沒有影印機，因此自行繪製類似大字報的掛圖，是最多同學使用的方式。我打聽到臺大有個專門幫老師製作幻燈片的單位，就向老師借了原始期刊，將其中圖表製成幻燈片，以供報告之用。那在當年還是希罕之舉（連老師上課都沒有人用幻燈片的，可見一斑），效果當然好過手繪圖表，所以得到不錯的成績，讓自己覺得還有點做研究的潛力。

內分泌學入門

　　至於在眾多課程中，真正讓我對研究發生興趣想要深入探討的領域，是大四上選修了「內分泌學」這門課之後的事，也直接影響了我後續的研究方向。那是由任職中研院動物所萬家茂 (1934～1984) 老師開給研究生的課，不過都是大四的學生選修。萬師的第一堂課，就讓我印象深刻：他一開口就來個下馬威，說修他的課不准中途退選、不得無故缺席，同時每堂課都有指定閱讀材料，並會隨堂抽問，還要交學期報告 (term paper) 等。萬師講完話後就離開教

室，說十分鐘後回來上課，沒有決心修這門課的人可以就此離去。當年好多同學準備一畢業就出國，因此大四都忙於 TOFEL、GRE 等考試，而無心選修重頭課。結果，原本坐滿了人的教室，走到只剩下十位學生，而那十位也都堅持到底，沒有人半途而廢。

選修萬師的「內分泌學」，讓我有久旱喜逢甘霖之感。一方面我是真心喜歡這個有趣的領域，另一方面萬師的上課方式啟發重於實際的講授，是多年來少有的經驗。我還記得從頭到尾讀完一本《生化內分泌學》及半本《生殖生理學》的愉快心情。我的快樂並不僅是來自讀完一本書的成就感，更主要的是我發現自己幾乎能完全瞭解書裡所講的東西，並且可與以前學過的有機、生理及生化知識產生關連；那種對一門學問的掌握感是大學前幾年所沒有體會過的，也是最讓人高興的。

內分泌學屬於生理學的分支，專門研究人體的內分泌系統。該系統是體內兩大控制系統之一（另一個是神經系統），是遲至二十世紀初才為人所知的系統，迄今不過百年出頭。內分泌系統由散布全身各處的內分泌器官組成，各自分泌不同激素隨血液循環全身，作用於特定標的器官與組織。

內分泌系統主要控制人體四大功能：生長與發育、新陳代謝、體液平衡與生殖；此外，心血管、泌尿與神經等系統，也都受到激素的影響。因此之故，研習內分泌讓我對之前學過、但沒有學通的人體系統與功能，有了重新審視與學習的機會，彌足珍貴。

於課堂講授之外，萬老師還出了個題目，要每位同學寫篇學期

報告，那可是我大學四年除了國文課作文外，唯一寫過的正式報告了。報告的題目我還記憶猶新：〈性釋素是一種還是兩種？〉為了該篇報告，我分別閱讀了薛利 (Andrew V. Schally, 1926～)、紀勒門 (Roger Guillemin, 1924～) 與麥侃 (Samuel M. McCann, 1925～2007) 等人的實驗室發表的論文，也頭一回認識了這一行幾位主要人物的大名。

　　我在大四下繼續選修了「內分泌學特論」，事實上那沒有真正的上課，而是每週選一兩天到中研院動物所萬老師的實驗室參與他們的書報討論，以及學些實驗室的基本技術。當時實際指導我的是動物系及研究所畢業的王錫崗學長，時任萬師助理。半年後，我大學畢業，他也出國進修去了。

　　動物系的課程有個特色，就是每門課都附有一學分的實驗課，幾無例外。說來動物系傳統的形態學訓練，是相當扎實的，帶我們「普動實驗」及「比解實驗」的陶錫珍老師，以及「組織學實驗」與「動物技術」的林瑞萍老師，從解剖各種動物到製作顯微切片等，都一板一眼地教了我們許多基本的東西。不過許多高年級課程的實驗，就多是聊備一格，沒有真正的授課。像當年動物系沒有新型的多功能記錄儀，及各種能量轉換器，用的還是最古老的燻煙鼓及機械式的能量轉換器，甚至連示波儀也沒有，因此「生理學實驗」就只能做些最基本的實驗，結果也難得出色。倒是由萬老師的兩位大弟子包國源及鍾美雲負責的「內分泌學實驗」，讓我第一次給活體動物動手術，也引發我動手做實驗的興趣，而一頭栽了進去。

　　臺大動物系對學生的訓練雖然不盡讓人滿意，但以五十多年前國內的標準，也算差強人意的了。臺大學生多狂者，喜歡批評，筆者也未能避免；只有等自己出道當了老師，才曉得授業解惑之不易，對當年的老師，也多增一分敬意與懷念。

◆ 民國 64 年臺大動物系畢業照（前排左起：郝道猛、王慶讓、毛化、黃火鍊、魏漢馨、黃仲嘉、梁潤生、沈世傑、郭光雄、譚天錫、林瑞萍、陶錫珍、鍾虎雲；作者站第三排左一）

動物學研究所

　　升上大四後，班上的女同學絕大多數都在準備出國，男同學則有兩年服役的緩衝。我不用當兵，也沒考慮馬上出國，不免開始擔心畢業後的出路。如前所述，動生組所學皆非實用之學，除了繼續深造外，也只有到中學教書一途；只不過後者也有門路及門檻，非一蹴可幾。於是，大四上起，我便朝研究所入學考試的方向準備，

也退出之前每週至少耗費兩個晚上的社團活動，專心在課業上。

　　由於四年級上下學期都修了萬老師的課，也得到萬老師同意：如果考上動物研究所的話，願意收我當研究生；於是我就把準備目標放在動物所，而不考慮醫學院的研究所。

　　研究所入學考試，動生組與漁生組選考的科目不同，但又一同競爭，我差一點就沒上榜。我的專業科目雖然考的不是最好，但國文英文兩科都拿了高分（這兩科只要及格就好，不列入計分）。我記得國文作文題目是：〈為何要讀書？〉我以文天祥(1236～1283)的幾句話：「讀聖賢書，所學何事；孔曰成仁，孟曰取義」破題，好好發揮了一番。

　　研究所兩年，除了到系館上些課外，其餘時間都在中研院萬老師的實驗室度過。研一時我住在舟山路僑光堂旁的研究生宿舍，每天早上搭三十九路市公車到南港，再轉大有巴士到中研院，單程就要一個多小時；加上晏起，到實驗室都在九、十點以後了，深怕碰到萬老師也在實驗室裡。多年後當了老師，看到姍姍來遲的研究生躲著我偷偷進實驗室，我都會發出會心的微笑。

　　研二起，我在中研院對面的汐止橫科賃屋居住，每天進實驗室不成問題，反過來是回臺大上課辛苦些。中研院每天早午晚各有一班往返臺大的交通車，讓中研院員工及眷屬搭乘，許多學生也趁機搭便車。開車的司機先生對我們這些黃魚學生睜一眼閉一眼，不大拒絕；我一路搭了好些年便車，直到出國。

◆ 作者與同窗陳幼輝和萬老師合影

教學相長

研究所兩年的訓練，讓我在研究的路上入了門，對於繼續出國深造更有信心，方向也更明確。由於我在研一暑假結了婚，畢業時大女兒也正好出生，因此，我暫時放下出國的打算，接受仲嘉師的好意邀請，回母系擔任助教。照理說，當年有碩士學位，就有擔任講師的資格，但臺大一向有自己的作法，都以低一級任用，我自然也只有接受。

仲嘉師對我相當器重，兩年助教期間讓我擔任過普通動物學實驗、生統實習及生理學實驗的助教，同時還讓我以助教代講師的名分，給心理系的學生上過整整一學期的生理學，使我獲益匪淺。

我帶的第一門課，是開給民國六十六年動物系入學新生的普動實驗，正課則是由仲嘉師自己擔任。當年的助教享有完全的自主權，

讓我有很大的發揮及成就感，我從系圖書館找了許多國外實驗的資料作參考，設計了一些新的實驗（包括解剖蟑螂、製作動物標本等），自覺十分盡心。一整年下來，與該班同學也打成一片。後來該班有三位同學回到母系任教，分別是于宏燦、陳俊宏及李培芬，我也與有榮焉。

◆ 作者（右立五）帶 66 級動物系學生訪圓山動物園

在我研一那年，林曜松老師從美國康乃爾大學學成返系任教，給研究生開了一門取樣生物學。其實那是相當好的統計學入門課，讓我瞭解到所有的實驗，無非都是從有限的取樣當中，來推斷整個族群的面貌；取樣若有偏差，也就得不出真相來。

後來，林老師在大學部開生物統計學，動物系學生也就不用再寄人籬下。由於我修過林老師的課，於是就當起生統實習的助教來，批閱一些習題，並提供答案及講解。

第二年，我擔任動物生理學實驗的助教，更是讓人興奮；一方

面那是自己專長，可有發揮餘地，再來系上前一年添購的一批生理實驗用記錄器，正好從國外送到；新儀器可以使用墨水筆，而不必再用老式的燻煙鼓，算是多年來的一大進步。我參照前人實驗設計及國外資料，也安排了一整年的實驗。

此外，我還幫忙上了幾堂生理學的課，主要是內分泌與生殖生理的部分。當年那班三年級同學裡，有黃榮棋（長庚生理）、陳卓昇（中國醫藥生理）及陳瑞芬（臺大動物）等人，後來都走上生理學這條路；他們雖然不見得是受我影響，但我也有一絲成就感。

至於同屬理學院的心理系學生，也都要修習生理學。該系一向找醫學院生理科的老師幫忙，但似乎並不令學生滿意，於是希望動物系能幫忙開課，仲嘉師也答應下來。當時動物系除了一位教授生理學的老師之外，就只有我專攻生理（雖然我只對內分泌及生殖生理較內行），於是要我擔下重任；為了不負老師所望，也只有硬著頭皮披掛上陣。

說起來自大三修習生理學算起，我還選修過內分泌學、神經生理學及神經生物學，同時為了準備研究所入學及公費留學考試，也從頭到尾複習過好幾遍生理學，看過好幾本教科書，因此不算真正的菜鳥。我整整上了一學期的課，期中期末考試也用英文洋洋灑灑出了幾十道測驗題，頗有成就感。只不過這麼多年來從未碰過一位該班心理系學生，也不曉得在學生心目中，當年自己究竟表現如何；但可以確定的是，當年擔任助教的經驗，給我後來學成歸國後的教學工作添加了養分。

　　我的兩年助教生涯過得相當充實且愉快，有位知人善用的好長官是任何初入職場者最大的福氣之一。仲嘉師不像某些學術主管把助教及助理當成自己的下屬使用，他只要求我把課程帶好（事實上他也沒有明言），從不干涉我如何使用課餘的時間。因此，教學及準備工作雖然忙碌，但我仍有許多自修及處理私事的時間（申請出國是為大宗）。

　　更讓人羨慕的是，他讓我獨自一人坐在系館二樓一間放置貴重儀器的房間，而不是擠在哪位教授的辦公室一角。同時為了維護儀器，該寬敞的房間還有全新的直立分離式箱型冷氣（冷卻水塔置於窗外陽臺），讓我在炎熱潮溼的夏日有冷氣可吹，那可不是四十多年前人人可有的享受。

初試科普翻譯

　　兩年助教期間，我還翻譯了四篇文章投在《科學月刊》及一本《自然雜誌》上。之所以動心翻譯，純粹是一股野人獻曝之忱，想向大眾介紹自己熟悉的領域，同時也想試試自己多年來學習英文的功力。

　　我翻譯的第一篇文章 ，是發表在 《美國科學家》 (*American Scientist*) 雜誌上的 〈下視丘激素〉；作者薛利是該年 (1977) 諾貝爾生理醫學獎新科得主，是我大四上撰寫學期報告中的主要人物之一，更是性釋素的發現人。由於內容是我的專長，就逕自動手譯將起來，

投給《科月》。當年著作權法不及國外著作，盜版的外文翻印書滿大街都是，翻譯文章或書也沒有人考慮授權問題，想譯就譯。之後我又翻譯了一篇同樣出自《美國科學家》的文章：〈發燒對身體有害嗎？〉，也投給了《科月》。

至於另外兩篇發表在《自然雜誌》的文章是邀約的作品；一篇談南極的皇帝企鵝，另一篇內容已忘。該雜誌由國內科普前輩張之傑 (1942～) 先生創辦（他也當過《科月》總編輯多年），但壽命不長，六年後我學成歸國時已然停刊。

早期的翻譯作品得以發表，強化了自己的信心，曉得自己對中英文的掌握還算合格。但我清楚的是，自己必須繼續深造，才有可能在學術界站穩腳跟，也才能夠發揮所長，而不能以眼前的些許成果自滿。

按：話說性釋素 (GnRH) 是 1971 年才由薛利的實驗室分離純化的下視丘激素，原本的名稱其實是黃體促素釋放激素 (LHRH)；但薛利發現，性釋素除了刺激黃體促素 (LH) 的分泌外，同時也刺激了濾泡促素 (FSH) 的分泌，因此提出一個下視丘釋放激素，控制兩個腦下腺激素的可能性。由於 LH 與 FSH 統稱性腺促素 (gonadotropin)，因此 LHRH 就成了 GnRH。只有一個 GnRH 控制兩個腦下腺激素的說法，一開始遭到不少人反對，所以當年萬老師才會以此為學期報告的題目。但在一直沒有人發現另一個濾泡促素釋放激素 (FSH-RH) 的情況下，內分泌學界也逐漸接受了只有一個性釋素的事實。時序進入二十一世紀，唯一堅持還有 FSH-RH 存在的人只剩下麥侃；因為他是最早 (1964) 以實驗證明，下視丘萃取物具有刺激濾泡促素分泌作用的人，直到他去世前幾年，他還提出分離 FSH-RH 的報告，說是與鰻魚的 LHRH 相近。麥侃已於 2007 年病逝，大概好一陣子都不會有人再對 FSH-RH 發生興趣。

第*4*章

大學課外活動與戀愛

對信仰的追求

　　大學四年除了讀書外，還花了不少時間在社團活動及談戀愛上，同時兩者也有些關聯。由於母親是天主教友，我出生後便受了洗，懂事後每週日也跟著母親上教堂。小學時，我和哥哥兩人還當了好多年輔祭，彌撒前同神父一起在教堂後面的小房間換上道袍，一前一後地跟著神父走出來，站在祭臺兩旁。輔祭除了負責與神父應答經文外，還有聖體聖血祝聖時要記得打鈴、教友領聖體時要站在一旁以盤子接著，以免有碎屑掉落，之後要幫神父洗手等瑣事。

◆ 全家與本堂神父合影

　　天主教是相當制度化的信仰，要求教友全心全意地相信，並嚴格遵守教義。但個人從小有點反權威傾向，對許多事物都抱著好奇及懷疑的態度，喜歡問：「為什麼是這樣」及「為什麼不可以是那樣」等問題。而信仰本身經常是不容置疑的，像「天主無所不在，處處都在」、「基督由聖子降生成人」、「聖母瑪莉亞童貞懷孕」及「基督死後復活並升天」等教義，都得無條件相信才行，否則就難以為繼了。

　　我這種對天主教信仰的懷疑，自初中以後就愈形強烈，但也伴隨相當的罪惡感，我所選擇的方式是逃避。因此自高中離家住校以後，我就不再主動上教堂望彌撒；不過每次放假回家，我還是勉強自己做個母親心目中的乖兒子，陪母親上教堂。

　　還記得是大一新生註冊那天，大夥在體育館排隊等候，只見幾位男女學生，對一位位新生問著同樣的問題：「你是不是天主教友？」那時我雖已不主動上教堂，但從小的教養，還是讓我說不出「不是」這兩字，因此我的名字便上了臺大天主教同學會「光啟學社」的名單。

　　一開始我對天主教同學會沒什麼好感，心想自己好不容易脫離了束縛，何苦再跳回去？但我不能理解的是：怎麼還有這麼多看來「神智清明」的臺大高材生，會沉迷此道？大一寒假我參加了一次光啟舉辦的「避靜」活動，讓我認識了大多數光啟同學，以及耶穌會負責大專生的兩位神父：馮允文 (1933～2018) 及王敬弘 (1933～1999)。耶穌會是以高學識、且入世參與出名的修會；臺大附近的耕

莘文教院及輔大的神學院都是他們的會所。該會的神父、修士與大專學生的相處經驗豐富，我也很快地為他們所吸引。

　　以大專學生為主的教會活動和一般地方教會的確有很大不同，主要是不那麼刻板及教條。一般來說，大學生對於自我的成長、生命意義的追求特別感興趣，對於信仰本質的探索更重於形式，這些都是當年光啟吸引我的地方。光啟還有個核心組織，叫基督生活團；這個團體的要求比較多，除了每週固定一個晚上的聚會外，光啟的各項活動也由該團團員負責。生活團本身著重所謂「靈修」，也就是個人在信仰上的成長；每次聚會都以讀《聖經》、分享心得、及唱聖歌為主。我從大一下起到大三下結束，共待了兩年半左右，對個人的成長確有不小的影響。

◆ 大一寒假避靜出關後合影（作者站最後排左二）

　　我一直曉得「人」的因素，在我對信仰的追求上扮演相當重要的角色。打從一開始我就納悶：為什麼自己不能完全接受的信仰，

居然有那麼些臺大同學一副深信不疑的樣子，更別提還有那麼些學識淵博的神職人員，願意為這個信仰奉獻一輩子；顯然我是白做了十幾年的教友，一定遺漏了什麼重要的東西。

我那時很在意的一個問題是：「人生的意義究竟為何？」我從來不能接受出世的想法，把人生的希望定在「升天堂」或「來世」上；但我也不願意認為人生是虛無、毫無意義的。我總覺得人生應該有個「終極的真理」(ultimate truth) 存在，等著我去探索、發掘。

還有一陣子，也許是受到禪宗故事的影響，我追求一個「頓悟」：希望能在當下「明心見性」、「立地成佛」。不過後來我也想通：就算我能參透了人世的奧祕，並不代表這輩子就一路順當、毫無困惑阻礙了；我還是得一步一步走完我的一生，經歷所有該經過的事。想通這一層，算是個人的轉捩點，我對於自己在人世間該做的事、該盡的責任有了正面的想法，不去逃避，也不去依賴不可知的力量。

那一段追求的過程中，我還有另一層的領悟：人一生下來就是獨立的個體，雖然小時候有父母的呵護，成長過程中在朋友裡尋找自己的影子，最後找到自己的另一半；但無論有再多的親朋好友，多數關鍵時刻，人還是得忍受孤寂、面對自我。不能甚或懼怕與自己相處的人，註定是不會快樂的。

幾年的大學生活，花在社團與教會活動的時間實在不少，對於本行的功課卻沒有盡到該盡的本分。因此升上大四後，我便接受女友建議，不再參加基督生活團的例行聚會，多用一些時間在書本上。原本我有些擔心：一向積極參與各樣活動的我，是否能適應這樣的

改變？但我發現逐漸脫離教會的活動，並沒有失落什麼；我反而不需要經常為一些信與不信的形而上問題困擾。同時本行課業的進步，讓我不再心虛，也對未來要走的方向更清楚。

自從大四那年離開了宗教團體後，這幾十年來，就再也沒有回去過。對於制度化信仰，我有種「我來了，我看了，我又走了」的感覺；自知永遠沒辦法做個「有福的人」，因為我不是「那沒看見而相信的」。

我以為所有的宗教都源自人類對死亡的恐懼，總希望有個來世的寄託；但我不認為有人可以證明來世的存在，當然我也不能證明那不存在。不管宗教是勸人為善也好，給人心靈寄託也罷，個人就是沒辦法接受所有宗教裡神話的一面。許多人抱著「寧可信其有」的態度，為我所不願。近代有位大儒（忘其名）說得好：「中國讀書人堅持了一輩子的信念，老來或臨死不能克服對死亡的恐懼，而去攀附某種宗教信仰，藉以求未可知之來生，可謂白活！」壯哉斯言。

與女友的相識與交往

我與女友（後來的另一半）相識，是在大一下學期春假期間，光啟學社舉辦的春令營活動中。當年臺大光啟學社人才濟濟，帶動團康活動的本事一流，唱歌（流行聖歌）、跳舞（土風舞）都不在話下；加上兩位學養、口才俱佳的王敬弘與馮允文神父也全程參與，使得該次春令營辦得十分成功，吸引了不少與會的臺大同學加入光啟，包括女友在內。

　　春令營最後一晚有個話劇表演節目，是由每個小隊自行商討排練，劇本是臨時集思廣益拼湊而成，化妝道具也因陋就簡，只是圖個好玩，博君一樂。我對自己小隊排演了什麼節目已毫無記憶，但對另一組的表演印象深刻。其中有位女生扮演一位房東老太太，與幾位大學生房客起了衝突，最後她對著房客講了一番大道理，十分入戲，讓我一看就迷上了。話劇表演結束後還有票選活動，該女生眾望所歸，獲選最佳女主角，我則找人打聽她是何許人，念什麼系，幾年級。讓我高興的是，這位名叫馬金鳳的女生同我一樣是大一，中文系的，是光啟張屏學姊的同系學妹，也是女三舍的同寢室室友，於是便動了追求的念頭。

　　次日是離營的日子，但上午還安排了從萬里到野柳的郊遊活動。在野柳參觀怪石時，我趁機與金鳳搭訕，並一路聊天回到營區，又一路在客運車上聊回臺北，才在校門口依依不捨告別。

　　從春令營回來一週後，我就寫信給金鳳，除了表明高興結識之情外，並要求週末一聚。由於我留給她的印象不壞，加上有張屏學姊的背書，於是我倆開始了一段平日通信、週末見面的交往日子。

　　雖然我倆都住校，但她住的女三舍與我住的男十一舍相距頗遠，而且我倆不同系，上課時間、地點也都不同，所以平日裡要見上一面並不容易。當年宿舍也沒有電話可打，寫信就成了我們重要的聯繫管道。好在當年郵政發達，平信一兩日內必可送達，限時專送更可朝發夕至，所以問題不大。

　　剛開始交往時，我只會按約定時間、地點等她赴約，根本不會、

也不好意思在女生宿舍前請人代為傳達。一直要過了半年、與金鳳交往穩定之後，才練出膽來。至於我們最早的約會方式，就是在校園一隅席地而坐，促膝長談一個晚上。由於椰林大道人來人往，坐在杜鵑花叢下少了隱私（還碰過偷窺者），所以我們會到六、七號館廊下找個地方坐著，也就不虞閒人打擾；只不過那裡蚊子不少，一晚總要被叮上好幾個包。

◆ 與金鳳攝於臺大杜鵑花叢

　　交往久了，我們也渴望有更多時間見面，而不只是週末而已。於是我們會約晚上一起上總圖溫書，或是她在家教結束後來總圖找我，我們再一起散個步、吃個消夜才送她回宿舍。通常我們會在女三舍對面的傅園待一陣子，等著女舍十一點關門前送她進去，當然我倆隔著鐵門續訴衷曲的情況也經常發生。

　　我們從大一下開始，一路穩定交往到大四畢業；從大二起，每逢寒暑假，都會去彼此家裡小住，可說是早早就拜見過雙方家長。所以我倆是認真交往，奔著廝守終身去的。

臺大畢業紀念冊上每位畢業生可有三十二字以內的留言，於是我便以金鳳和我的名字寫了首藏頭詩作為紀念：

金榜題名喜猶新，

鳳凰臺上火浴成；

震聾發聵是吾志，

澤及萬物賦長征。

我的另一半

金鳳的身世坎坷，母親生下她不久就過世了，生父無力撫養，於是由軍中同袍介紹，將她過繼給養父母收養。女友從小在高雄鄉下一處偏僻的彈藥庫眷村長大，一路靠著自身的努力與天賦，先後考上了省立鳳山中學初中部與高雄女中，每日上下學單程都得耗費一個多小時，最終則考上了臺大中文系。她聯考選擇文組，是聽從飽經戰亂的養父建議，畢業後當老師是鐵飯碗，但她本人對文學的興趣並不是那麼高。

我曾陪同金鳳上過一堂中文系的課：「李商隱詩」，那堂課正好講解出名的〈錦瑟〉一詩。開課的老師口才甚佳，旁徵博引，考據詳實，但給我的感覺是解讀過多，反而離欣賞愈遠。這個經驗也讓從小喜歡文學詩詞的我認清一個事實：自己只願做個文學的欣賞者，而不適合在故紙堆裡做學問。

金鳳上大學後，一路靠著微薄的清寒助學金及家教所得，自力

更生念完了大學四年。她在畢業前修滿二十個教育學分，並靠一己之力找到了臺中私立明道中學的教書工作。該校創校校長汪廣平知人善任，僅憑面試就任用了毫無背景與關係的女友。

金鳳在明道教書那年，我留在臺大念研究所，二人初嘗異地戀滋味。我每隔兩三週都會利用週末南下臺中一趟，以解相思。因此，金鳳也尋求返回北部任教的機會。幸運的是，由天主教孝女會主持的達人女中該年正招聘新老師，金鳳經過面試及試教後，幸運獲得教職，得以返回臺北任教。

能回臺北任教固然是好事一樁，但還要先解決金鳳的住處問題。在內湖附近找了一陣子房子後，我倆決定不如就結婚住在一起，除了省去一住學校宿舍、另一在外租房的額外花費外，也免去兩人在實驗及上課之餘，還要擠出時間約會的麻煩。

於是我倆先斬後奏，在短時間及有限的預算內，把婚姻大事給辦了。我們是在聖家堂辦的結婚儀式，由王敬弘神父主持婚配彌撒；婚禮過後我們以酒會招待親友，沒有舉辦婚宴。就這樣，我倆大學畢業方一年就完成了終身大事。我們在中研院對面的橫科租了房子，方便我進實驗室；同時南港離內湖不算遠，金鳳上班也還算方便。我倆就一直住在橫科，直到三、四年後相繼出國為止。

金鳳於婚後不久就意外懷了孕，我們也於來年在我碩士班畢業時迎來大女兒宛之的誕生。因此我暫緩出國進修的計畫，留在母系當了兩年助教才出的國。

第 5 章

初入研究之門與師承

碩士論文研究

當年萬老師實驗室的研究主題是「甲狀腺功能不足對生殖系統的影響」，從今日的角度來看，那也是一個不容易做好的題目，因為參與作用的因子過於複雜，很不容易釐清其作用的確切機制。

甲狀腺 (thyroid gland) 位於頸部前方，由於形狀類似盾牌，又名盾狀腺。甲狀腺分泌的甲狀腺素 (thyroid hormone) 可作用於全身細胞，調節能量消耗的速率，同時還會影響心跳、體溫與肌肉收縮強度等。甲狀腺素分泌過多（亢進），人會出現體重下降，心跳加快或不規則，神經質、容易激動等症狀；甲狀腺素分泌不足者，則會出現倦怠、怕冷、體重增加、聲音沙啞等症狀。

之前萬師的研究已然發現，甲狀腺功能不足 (hypothyroidism) 的大鼠，腦下腺 (pituitary gland) 兩種性腺促素：LH 與 FSH 的含量都有下降。但還不清楚的是，這兩種性腺促素的分泌量是否同時也有下降，以及它們對於下視丘分泌的性釋素，是否出現反應變化。萬老師給我的碩士論文研究題目，就是來看看甲狀腺功能不足的大鼠生殖功能不彰，是否為腦下腺對下視丘的反應不足所致。

　　我所使用的實驗進路，是比較正常與切除甲狀腺鼠對注射性釋素的反應；除了實驗鼠動過手術外，正常鼠也動過假手術（sham operation，同實驗鼠一樣，經過麻醉、切開喉部皮膚、撥開肌肉層等手術過程，但甲狀腺並沒有摘除）。另外還有一個實驗對照組，是切除甲狀腺後，每日再補充注射甲狀腺素的老鼠。因此，早在四十多年前，性釋素問世方四年，我就在自己的實驗裡用上了。這也使得我的興趣由單純的「內分泌學」進入當年還算新鮮的「神經內分泌學」研究領域，探討神經系統與內分泌系統之間的相互關係。

　　我取得的實驗結果，其實是相當負面的：首先，我證實了甲狀腺功能不足的大鼠，腦下腺中 LH 與 FSH 的含量確實有顯著下降，但血清中的濃度卻沒有顯著改變；同時在注射性釋素之後，血清中 LH 與 FSH 雖然確實有大幅上升，但實驗組與對照組之間並無顯著差異。這樣的結果顯示，腦下腺性腺促素的合成量確實受到甲狀腺素不足的影響，但卻不足以影響其分泌的速率。

　　1970 年代臺灣的研究環境，只能用「克難」兩個字來形容。舉幾個例子：第一、實驗所需的動物要自己繁殖飼養，從交配、懷孕、生產到斷奶、成年，至少要等上三個月以上才有實驗老鼠可用（老鼠生下後，我和同班同學陳幼輝各取雄鼠及雌鼠使用，數量又少了一半）；第二、血清瓶及玻璃試管要一個個清洗，重複使用，就算沾了放射性物質的也一樣；第三、實驗做完，要背著數百根帶放射性的試管，由南港中研院搭公車到汀州路的三軍總醫院核子醫學部去使用他們的伽瑪計數儀。這種種行徑，今日回想起來，自己也有些

難以置信。但可見當年物資供應及儀器設備匱乏的程度，也可見當年研究工作者要堅持研究的辛苦。

　　我的碩士論文口試委員有五位，除了萬老師及動物系的黃仲嘉與黃火鍊老師外，還有萬老師的老師彭明聰（1917～2014，曾任臺大醫學院院長，1978 年當選中研院院士）教授，及一位陽明醫學院的朱樂華教授。後面兩位問我的問題到今天我都還記得，原因是我都回答得不好。彭老師問我只用了單一劑量的性釋素，沒看到有不同的反應，如何能確定那是「生理」亦或「藥理」劑量。老實說，想當年我根本不懂何謂「生理」、何謂「藥理」劑量，只曉得抓一個別人用過的劑量就上陣了。當然以我當年可用的動物隻數，也由不得我再作更多的分組，只不過我壓根兒就沒想過那個問題，所以也回答不出來❶。

　　至於朱教授問我的是他個人的研究興趣：蛋白質激素如何在細胞內合成與分泌。由於我聽過他的演講，知道那是他的專長，直覺的以為那是你知我知的問題，有什麼好問的，就回答說：「我聽過你的演講」，以為這樣就可過關。但我忘了他是有意要考我，堅持要我敘述一遍；我就只好像魯班門前弄大斧一般，結結巴巴地說了一遍，成績可想而知。

---

❶ 所謂生理劑量 (physiological dose) 指的是身體本身會出現的正常劑量，而藥理劑量 (pharmacological dose) 則是從外添加的大型劑量。我們做實驗時，希望在使用生理劑量下看到反應，而不是看到加大劑量下的反應。

師承

　　萬老師曾在國防醫學院醫科讀了四年，因興趣不合，毅然重考進了臺大動物系，因此也是我的學長。動物系畢業後，他又在臺大醫學院生理學研究所念了個碩士學位，師事彭明聰教授；只不過萬老師的碩士論文，是以呼吸的神經控制為題❷，出國深造後，才以內分泌學為專長。

　　事實上，國內從事內分泌以及神經內分泌研究的人士，許多都可以追溯至彭明聰教授身上。彭教授是臺北帝國大學醫學部的學士 (1941) 及博士 (1945)，早年跟隨杜聰明 (1893～1986) 博士研究過鴉片及蛇毒；1963 至 1964 年間，彭院士前往英國牛津大學人類解剖學系訪問進修，師事神經內分泌學的祖師爺哈里斯 (G. W. Harris, 1913～1971) 教授，自此走上神經內分泌學的研究。顯然萬老師跟隨彭教授學習的年代，彭教授還沒有確定他後來的研究方向。

　　萬老師的博士學位是在密西根州立大學的生理學系取得，其博士論文是使用放射性碘標記的甲狀腺素為偵測指標，探討甲狀腺素合成與分泌之間的動態關係。他的指導教授名叫萊納基 (E. P. Reineke, 1909～1985)，是在密蘇里大學畜牧學系特納 (Charles W. Turner, 1897～1975) 教授的實驗室取得博士學位 (1942)，之後到密西根州大任教，直至退休。萊納基在特納實驗室進行的研究，就是

---

❷ Wan, C. M., Peng, M.T.: Bronchomotor area of the medulla oblongata of cats. *J. Formos. Med. Assoc.* 1965; 64:485–93.

探討甲狀腺切除對腦下腺激素的影響，與萬老師回國後探討甲狀腺功能異常、引起生殖系統病變的機制，有幾分近似。

比起萊納基來，特納是更為知名的人物，可說是生殖生理學界的祖師爺之一，特別是泌乳生理；他對乳腺的發育及泌乳的控制，有過許多重要的發現。此外，特納還指導出許多出名的學生，除了萊納基外， 另有邁提斯 (Joseph Meites, 1913～2005) 與瑞斯 (Ralph P. Reece, 1909～2005) 兩位，同我都有些淵源。

邁提斯是神經內分泌學界的祖師級人物，當過國際神經內分泌學會的首任會長。他是頭一位報告下視丘含有能刺激及抑制泌乳素 (prolactin) 分泌物質的人， 也就是說， 有乳釋素 (prolactin-releasing hormone) 及乳抑素 (prolactin-inhibiting hormone) 的存在。邁提斯比萊納基還晚個幾年才從特納實驗室取得學位 (1947)，之後也來到密西根州大生理系任教，與萊納基是同門兼同事；因此，他也是萬老師的老師之一。

邁提斯的實驗室收過好些臺灣去的留學生，與萬老師同期或稍後的有陳昭霖、盧桂雄、陳賢仁、黃輝和等，因此我在萬老師實驗室當研究生時，邁提斯的大名聽得比萊納基還多。後來邁提斯還收過一位萬老師的學生陳漢堂，比我高三到四屆，我入學時他已赴美，多年後才在美國開會時見著。

我申請出國深造時，密西根州大的生理系也是我的選擇之一，可惜未能如願 ， 卻得到同在密西根州的韋恩州立大學 (Wayne State University) 生理系的入學許可及獎學金。我在韋恩州大的博士論文

指導教授名叫蓋勒 (Richard R. Gala, 1935～2016)，是研究泌乳素分泌的專家，他的博士指導教授不是別人，正是特納教授的另一位博士班學生、任教紐澤西州羅格斯大學 (Rutgers University) 的瑞斯。瑞斯於 1937 年從密蘇里大學畢業，比萊納基與邁提斯都早。所以不論怎麼算，我都是特納的曾徒孫。追溯學術界的師承，有時還是蠻有趣的。

我在韋恩州大博士班就讀期間，曾經兩度造訪密西根州大。頭一回是 1981 年，萬老師來美國開會，在底特律待了兩天，我開車載他跑了一趟密州大所在的東蘭莘市 (East Lansing)。萬老師除了故地重遊外，主要是給萊納基教授退休後成立的紀念基金捐些錢。當時是暑假，密州大生理系沒什麼人在，卻見到了邁提斯教授，一位身材不高、禿頂的長者，與想像中的「科學巨人」大有距離。萬老師同他寒暄了幾句，我們也就離去。

再度造訪密州大，是一年後蓋勒教授帶我去的；除了也到生理系拜訪邁提斯教授外，主要是到動物科學系 (Animal Science) 去見一位塔克 (H. Allen Tucker, 1936～2009) 教授，以及參觀該系的牧場。塔克是蓋勒的同窗好友，也是瑞斯的學生；只不過當年我才入門不久，並不清楚他們之間的關係，要到好久以後才突然領悟過來。

說起來神經內分泌學的歷史不算長，還不滿百年，但在經過初期的理論建立、下視丘激素的陸續發現，以及諾貝爾獎的肯定之後，這一行也像所有的成熟學門一樣，變得愈形紛雜。許多從其他學門（好比神經科學、心理行為、精神病理、分子生物等）轉入研究神

經分泌以及下視丘激素其他功能的學者，並不把自己視為傳統的神經內分泌學者；因此，神經內分泌學界也逐漸失去了那份一家人的感覺。

◆ 邁提斯、蓋勒與作者

第6章

笑中帶淚的日子：我的留學生活

大學畢業後，我念了兩年研究所，再當了兩年助教才出國念書，比起一些同班同學來，算是晚的了。有位大學一畢業就出國的女同學，當時已拿到了博士學位，而與我碩士班一起畢業的同窗，也在國外讀了兩年的博士班。這點差別，過了四十幾年後的今天回想起來，實在算不了什麼；但在當時，卻是激勵我奮起直追的動力。

我是在民國六十八年出的國，當時國內的經濟剛開始起飛，十大建設也已經陸續完成，但學術界仍然相當貧瘠，多數領域都還沒有博士班的設立，所以出國留學是取得完整訓練及資歷的唯一途徑。我班上三十來位同學，沒出國念過書的只有屈指幾位，可見一斑。除了申請到入學許可外，還有人會以拿了幾所名校的入學許可及獎學金來驕人；而我那時的考慮無它，哪裡給我最優惠的獎助學金，可以養家糊口，我就去那裡。

民國六○年代也是臺灣在國際舞臺最失意的十年：從六十年的釣魚臺事件、退出聯合國開始，到六十八年的中美斷交，正涵蓋了從我上大學到出國的八年時間，中間還夾了老蔣總統的過世（六十四年），當時的國人只能用孤臣孽子來形容。對於在中美正式斷交那年準備出國的我來說，感受尤其深刻。像考 TOEFL、GRE 的報名，

以及最後的申請赴美簽證，都大排長龍；而裡頭辦事員的態度（無論美國人還是本國人），都讓我有次等國民之感。我相信，民國七〇年代中，學成歸國的人數大幅增加，除了國內經濟起飛的因素外，出國時種下的心結，扮演了相當重要的因素。

出國前的準備

我出國時，還是四十塊新臺幣才能換一塊美金的年代，同時外匯管制，不能隨便結匯，很多的銀樓都兼營美金的買賣。留學生取得教育部發的留學許可，到外交部申請到護照以後，才能到臺灣銀行申請結匯。除了可結匯入學許可 (I-20) 上所需的金額外，隨身零用金只能換一千五百元美金。很多人換了以後再賣給銀樓，可以小賺一筆。我那時存的錢，買了機票後，就只夠結匯五百塊錢。我還記得臺銀的櫃檯小姐一開始問都沒問，就在我的護照後面寫上結匯一千五百美元，聽我說只要換五百美元之後，才一副「你是笨蛋」的表情改過來。

我那時的機票是同內子的一位初中同學買的，她在旅行社工作，應該是比市價便宜，但單程就要三萬多塊新臺幣，跟現在來回票相當，簡直不能比。她幫我訂的是新加坡航空公司飛美國的班機，我要先搭國泰航空到香港，再轉新航飛美國的航班；同時中間還要停夏威夷檀香山，再飛舊金山；最後則是換美國航空的班機飛底特律。這種行程，在今天只怕再便宜也少有人願意搭乘，但在甚少班機直

飛美國的當年，我又是第一次出國，為了省錢也沒得選擇。

機場送行

　　我出國那年，中正機場剛開始啟用不久，多數人都沒去過（之前臺灣只有松山機場一個國際機場）。行前一週，我特地抽個空先跑了一趟，以熟悉路程。當年沒有幾家人有自用車，也捨不得叫計程車一路開到機場，大家都是先坐車到松山機場，再搭中興號過去。那時家裡有人出國算是大事一樁，機場裡總是有全家大小、親朋好友送行的場面，我也不例外。一家人全都到了，還給我脖子上掛了花圈，十足鄉巴佬出國的模樣。

◆ 全家上機場給我送行

　　當年出國什麼都有管制，像留學生的家眷也不能馬上跟著出國，至少要半年以後才可用依親名義申請出境證；所以我是拋妻別女的

一個人先走，那種離情不是現在的人可以想像。一方面我為終於可以出國進修而興奮高興，但是一去經年，隔著大半個地球，不是說想見面就可見得著。再來，半年、一年後，內子和小女能否順利拿到簽證，來美依親還是未知數。故此，當日出國充滿生離死別之感，但表面上還得強顏歡笑，真是難以忘懷的經驗。

底特律韋大

我前往進修的學校，是位於美國中西部密西根州底特律市的韋恩州立大學。當初我有幾個選擇，之所以選定韋大有幾點理由，第一、它給我的獎學金條件最好，這對於要養活一家三口的我來說，是最重要的一點；第二、韋大生理系有五位內分泌專長的教授，讓一心想鑽研內分泌學的我相當心動；第三、有兩位動物系同學已於前一、二年來到韋大的解剖系及生理系就讀，也讓人感覺不那麼孤單。其中一位翁小萍與我大學同班四年、研究所兩年，算是相當熟的朋友；另一位陳麗玉低我一屆，雖不大熟，但人在他鄉，不要說是故知，只要同是臺灣來的都倍感親切。

我決定前往韋大時就去信給翁小萍，行程定了又再去信請她來接機，但我並沒有收到回信。那時打通國際電話是天大的事，我從沒想過從臺灣直接打電話去確認；直到在舊金山等轉機時，才找了公用電話打了我到美國的第一通電話給她。那時沒注意的是美國西部與東部時間有三個小時的時差，我搭的又是所謂「紅眼」

(red-eye) 班次，近午夜起飛，飛行時間四個小時，再加上時差，到底城時正好天亮。所以我的電話吵醒了朋友的好夢，讓她沒能再睡多久就又起身、開上半個多小時車到機場來接我。後來我知道以後，感到十分抱歉，但多年交情，她也沒得話說。

　　由於我的航程轉機多次，所以行李就沒跟上；我在底城機場的行李輪送帶邊等了半天，才死了心，到航空公司櫃檯登記自己行李的數量及式樣。那也是我來美後第一次非得用英文與人溝通，驗證一下多年紙上的學習。我發現我還不難聽懂口語的交談，許多表達雖不道地，但也還能讓對方瞭解，不禁增強了不少信心。

初抵底城

　　曾有過來人對我說過，每位留學生對初抵美國的經驗是一輩子難忘的，信哉斯言！尤其是早些年國內外的差別甚大，剛去時看到什麼都是新奇的，記憶也特別深刻。我去的時候正是初秋，感覺天空特別的高、特別的藍。從小讀書，有許多描述大陸四季風光的文字，但在亞熱帶的寶島總體會不到那種感覺。到了新大陸的第一天，我就曉得了什麼是「秋高氣爽」。

　　底特律是著名的汽車城 (Mo-town)，從機場進城的 94 號州際公路邊上，有一個 Uniroyal 輪胎公司設立的大輪胎，差不多有三四層樓高，是每一個初抵底城的訪客見過都不容易忘記的路標。此外，路邊還有一個電動的數目字牌，上頭不斷移動的數目字顯示的是全

美在那一年車輛生產的總數，那也是底城的特色之一。(如今美國汽車業迭經石油危機及日系車種的打擊，獨霸氣象早已不再，該標誌也不復得見，但大輪胎還在。)

韋恩州立大學位於底特律市中心北面，是所都市型大學，校園占地並不太廣，校舍與校外的建築也犬牙交錯，並無圍牆隔絕，這點對剛從臺灣來的我一開始並不太習慣。同時，學校的東西南北四面不遠處，都各有一條高速公路通過，交通相當方便，也養成那裡的留學生一出門就上高速公路的習慣。韋恩州大的學生數目不少，有三萬人上下，但除了研究生外，絕大多數是本地人，通學的多，住校的少，因此不像一般大學城有許多的學生宿舍，倒是大型的停車塔四處都有，平面空地的停車場也不少。

底特律是美國汽車工業的發源地，三大汽車公司(通用、福特與克萊斯勒)的總部都設在底特律或市郊。當年三大公司富可敵國，手下員工數以萬計；在底城上班工作者，十有八九都與汽車業有關。除了坐辦公桌的白領階級(包括工程師與研究人員)外，更多的是藍領階級(汽車工廠的裝配工人)。

二十世紀上半葉，底特律是美國最富裕的城市之一，人口總數也排名全美前五。只不過 1967 年底城一場黑人大暴動，導致數十人死亡及上千房屋燒毀；公司、廠家以及居民紛紛向郊外遷移，使得底城一蹶不振，除了人口銳減、百業蕭條外，一度還是全美犯罪率最高城市。1980 年代初我在底城念書時，就是這個情況。

留學生的住與食

　　早期留學生經濟狀況多不甚佳，剛來就購屋置產的少之又少，大多是住在學校宿舍或附近公寓。離鄉在外的老中，多喜歡群居一處、彼此有個照應，尤其是某棟學校宿舍或私人公寓在租金、地點或本身條件上如有特殊之處，常常就會有愈來愈多的老中進住，而成為小中國城。我在韋大一共搬過三次家，頭一回是一年後，內子偕女兒從臺灣來此團聚，我搬離單身宿舍，在學校附近接收了一對畢業離去華人夫妻的公寓及家具；次年，我拿到系上給研究生的房租津貼，搬進學校最新的一棟公寓；再一年，我們終於等到了學校最寬敞且房租最合理的一棟公寓，也就一直住到我們畢業，搬離底城為止。

◆ 來美第一年攝於住處前

　　早年的留學生無論男女、不管以前下過廚與否，到了國外，大

多練出一身廚房功夫，誠所謂時勢造英雄也。這裡頭有兩個主因，一是口味、一是經濟問題。中國人再怎麼喜歡嚐新，道地的中國胃還是不習慣餐餐吃沙拉漢堡；再來自己做也要比買來吃便宜許多，所以我搬進公寓後就多是自己做飯了。

當年，在美國的超市要買齊做中國菜的材料，不是件容易的事，大家也都將就從事；好在美國各地大都有賣中國乾貨雜糧罐頭的小店舖，不愁買不到基本的材料，只不過價錢貴了些。除了不得不備的醬油、料酒、麵條等，其餘多數罐頭雜貨都不是剛去的我買得下手的。像煮飯必備的米，中國店有品質不輸國產蓬萊米的加州米，一大袋十到二十磅裝，價格不低；而超市也有磅裝小袋米出售，只要幾十分錢，只不過是較無黏性的長米。我為了省錢，只要有飯吃就好，也不在乎吃的是什麼米。

此外，蔬菜類是美國超市最弱的一環，國人愛吃的綠色青菜幾乎都沒有，有的只是包心大白菜❶。我除了經常弄些開陽白菜、清炒四季豆、青椒肉絲、番茄炒蛋外，也只有炒些西生菜解饞。美國也有菠菜，但品種不大一樣，一小袋一小袋裝，炒來吃總有股澀味，只算聊勝於無。美國的瓜類 (squash) 倒不少，不少醃製好罐裝的，多數酸得可以，不是人人能夠消受。此外，洋蔥、洋芹菜、洋芋、胡蘿蔔等洋蔬菜，自是不缺，只不過就不是做中國菜的主菜，只能聊備一格。

---

❶ 這是四十年前的情況，如今的中國超市可是什麼中國蔬菜都買得到了，也算是一項進步。

　　總之我一個人過的第一年，一切不怎麼講究，只求省錢及填飽肚子，總要等到次年內人來了以後，才講究起色香味及創新。饒是如此，比起眾多單身男女同學來說，我總是多了幾年婚姻生活的經驗，也還知道一些家常菜的作法，所以週末待在宿舍，左鄰右舍的一些老中也都喜歡各湊個菜，到我住的房裡一起用餐，是所謂的小型聚餐 (pot-luck)，也是異鄉遊子的消遣之一。

留學生的行

　　美國除了少數大都市大眾運輸系統發達外，沒有車就像是沒有腳一樣，這句話對於底特律這個汽車城而言，尤其真實；因為底城除了班次不多的公車之外，沒有電車、地下鐵或火車一類的大眾交通工具。加上密西根州冬季長達四個月，氣溫多在零下，地上常有積雪結冰，可不是隨便就能走得。

　　我還沒離開臺灣前，翁小萍就來信強調，在雪地走路的鞋子，底部必須要有防滑的溝槽紋路。老實說，我並不完全瞭解她的意思，就上鞋店請師傅在我的皮鞋加上有紋路的塑膠皮底，結果根本不是那麼回事。美國有專門賣讓人在雪地行走的長統靴子（就叫雪靴），底部凹槽厚實，不但防水還保暖，我帶去的皮鞋根本不適合在雪地行走。還有我也學到，在積雪結冰的路上行走，不但不能急，還得用外八字的步伐一步步踏穩了前進，才能避免摔跤。

　　我出國的年代，臺灣開自用車的人還是少數民族，我自然不在其列；不過我也曉得學會開車的重要性，於是在出國前半年，就到青年服務社報名駕駛訓練班，真正的上課地點，是過了華江橋、於河埔新生地上開設的一家教練場。我總共在教練場練習了二十次，每次一小時，然後就開著教練車到監理所考到了駕照，至於實際在道路駕駛的經驗嘛，可說是零。

　　在美國的頭半年，我是孤家寡人一個，搭別人的便車也還容易。但隨著太太、小孩從臺灣前來團聚的日子日近，我也開始物色二手車。在當時，銀行裡也不過存了上千美元，當然只能看有點歷史的二手車，車況及里程數都不會太讓人滿意。通常，想要買車的人會先買一份報紙，查看買賣舊車的分類小廣告，上頭按車種及年分排列，並有車子的基本資料及價錢；看到中意的，就打電話過去。如果車子還沒賣掉，就可與車主安排看車的時間，並記下車主住址及簡單的路線說明。通常賣主大都住在郊外，因此，得找有車的同學幫忙前往。當年留學生要買車是大事，大夥也都樂於相助；對車輛多些瞭解的人更是常受邀請一起前往看車，免得買到了中看不中用的檸檬車（lemon car，有缺陷車子的另一種說法）。

　　我的第一次購車經驗與此類似，但沒那麼複雜。韋大有份學生辦的報紙，在學期當中的每週一到週五出刊，其中也有買賣舊物的分類廣告。當我準備買車時，該份報紙的廣告自然也不會放過，雖然我曉得會在上面登廣告的大多是學生，車況不可能太好。然而，卻讓我碰上了意想不到的機緣。

　　我在該份學生報上看到的賣車廣告，是輛車齡六年的奧茲莫比爾牌德爾塔 88 型 (Oldsmobile Delta 88, 1974) 家庭房車，配備 5700 c.c. 的大八缸引擎，才開了五萬多英里（八萬公里），車主要價七百八十美元。由於經常提供我搭便車的同學會會長開的就是同年分的同型車種，可是花了他一倍以上價錢；因此，我心想該車的車況一定不是太好，才如此賤價銷售。我馬上打電話過去，車子還在，於是就約了時間見面。結果出乎我的想像，車主是位約旦人，六年前來美念書時，全新買得這輛車；如今他要回國了，就準備以一張機票的價格把車賣了。我試開了一圈，沒發現什麼毛病，於是馬上成交。事後，我同臺灣及美國同學談及這段經驗，大家都覺得不可思議；尤其是剛開始，有位中東來的同學還認為我受騙上當了。

　　對現代人來說，擁有一輛車已經不再是那麼遙不可及之事，但車子仍是僅次於房子的最大投資。對當年我這個身無恆產的窮留學生而言，擁有第一輛車子的興奮之情，就算是後來買新車時也難以相比。我一直記得車子過戶後，我把車子開回學校停車場，一再內外檢視，捨不得離開。等回到宿舍把車子的使用手冊從頭到尾仔細讀過一遍後，又再回到停車場一一實際對照，每個按鈕都試驗過一遍才算滿意。

　　我的第一輛車一路跟了我五年半，除了供平日代步、週末買菜購物之需外，還開著它跑過美國十幾個州及加拿大，直到我返國任教前，才又以五百美金給賣了，真正是物超所值。

◆ 妻女與我們的第一輛車合影

留學生的娛樂

　　生活在異國他鄉，除了忙於課業外，到了週末及放長假的時候，學校空無一人，其實是蠻寂寞的，得自己找樂子排遣。只不過當年留學生大多手頭拮据，不大可能去玩需要花大錢的運動或娛樂，只能搞些聚會、郊遊、烤肉之類的活動。從臺灣去韋恩州大的留學生不算多，連眷屬大概也只有百人左右，同學會除了辦些迎新、送舊及節慶日的活動外，另一項常辦的活動就是每個月向駐芝加哥的北美事務協調會租兩部 16 釐米的國產影片，在學生活動中心放映給同學看，我也自告奮勇地學著放映，過過乾癮。

　　前面提過，我從小就愛上看電影，這項愛好與習慣也一直伴隨我到成年以後。剛到美國的時候，還不是那麼習慣沒有中文字幕的電影，總有許多聽不懂之處；只不過那小小的不便，敵不過愛看電影的衝動，就算鴨子聽雷也照看不誤。我除了每個週末都向學校附近的藝術電影院 (Detroit Film Theater) 報到外，學校裡有放電影的機

會也不錯過，實驗再忙也都會想辦法偷溜出去兩個小時。

　　我念書的學校附近沒有商業電影院，要看新片得開車到郊外的多廳電影院去。等我有車以後，就為了看電影而幾乎跑遍了郊外的電影院。美國戲院分日場與夜場，票價相差不少，我看的當然都是便宜的日場。有一陣子還流行 dollar day，也就是平日裡有一天各場都是一元美金一張門票，我自然不會錯過這個機會。我常利用午飯時間開車出去趕個午場，看完回到實驗室才兩點左右，還有大半個下午可以做事。

從一家三口變成四口

　　我赴美深造次年，內子偕女兒順利以依親名義來美與我團聚。內子一來，就有朋友介紹，週末在兩家中文學校給華人小孩上課，賺些錢貼補家用。韋恩州大對學校教職員的福利不錯，除了全家都享有免費的醫療保險外，直系親屬修課也享有學費減免的福利；於是從第二年起，內子便申請進入電腦科學系的學士後進修班就讀。兩年後，她順利拿到結業證書，又申請進入碩士班就讀。憑著優異的成績，她除了順利被錄取外，還拿到了寶貴的助教獎學金，學費全免，每個月還多了幾百塊美金的薪資收入。

　　在進修班就讀期間，內子還懷孕生了二女兒，我們也從三口之家變成四口。留學他鄉的日子雖然過得拮据忙碌，但為了目標而努力，絲毫不覺其苦，反而感到充實和快樂。

第 7 章

韋大生理系攻讀博士

　　韋恩州立大學是密西根州三大州立大學之一，正位於底特律市中心，是一所典型的城市大學，有很多課程開在傍晚及夜間，以方便在職進修人員就讀。韋大的研究水準不差，其醫學院、法學院、護理學院、化學系等院系，在全美都小有名聲；只不過吃虧在其地點、以及校名與市名沒有關聯（韋大所在的底特律市屬於韋恩郡，故此得名），很多人都不見得知道。

　　當年韋恩州大生理系是研究凝血因子的重鎮。1979 年我前往就讀時、系主任希格斯 (Walter H. Seegers, 1910～1996) 已主持系務達三十三年之久，該系可說是他一手建立起來的，而他與臺灣也頗有淵源。臺大藥理學科的李鎮源 (1915～2001) 及歐陽兆和 (1919～2000) 教授曾先後在他的實驗室進修，他也來過臺灣做短期的講學研究。我去的那年，歐陽教授的弟子鄧哲明 (1945～2020) 也到該系進修，待了兩年。

　　我在韋恩州大生理系待了五年，才拿到我的博士學位，而剛開始我是希望三年就完成的（系上的最低修業年限），由此亦可見現實與理想常是不相容的，尤其是在科學研究上。其實在求學的道路上多花兩年並不是壞事，可讓自己有更多的時間充實所學；如果匆忙

趕著畢業，反而會有缺漏之處。

博士資格考試與遇劫記

　　韋恩州大生理系的博士班訓練相當扎實，除了要修滿六十個學分數的課程外，還必須通過兩項資格考試：一是筆試，另一是專題報告。其中筆試是將身體十個生理系統分成十個科目，每半天考二到三個科目，總共是兩整天。這種考試的題目不多，通常只有幾個大題目，重點在測試考生對整個系統的瞭解程度，以及文字表達能力，因此又稱為「專業綜合測驗」(comprehensive exam)。

　　筆試是在入學第一年結束後進行，也就是 1980 年的 8 月底。當時內子與女兒從臺灣來美團聚才一個多月，但我們沒能盡情享受重聚的快樂時光，整個暑假我都加緊備考，不敢放鬆。

　　筆試第一天的五門科目，我自認考得還不錯，為了作最後衝刺，吃過晚飯，我便留妻女在家，一人到校總區複習次日的考試內容。我並不準備開夜車，因此十點過後，我就收拾書本，打道回府。

　　韋恩州大的校園本身尚可，但四周環境卻不甚佳；到了晚間，除了大馬路偶有稀疏的車輛外，街道巷弄少有行人。為了迎接妻女到來，我在校外租了間一房一廳的公寓，離校總區有兩條街口，約兩百公尺距離。

　　當我走到半路，聽見身後傳來一陣跑步聲，於是我偏到人行道右側，準備讓路，沒想到後頭來人猛撞了我一下後背，害我差點跌

倒。我還沒回過神來，衝到我前方的一位黑人又轉身一腳踹在我胸腹間，把我整個人踢倒在地；此時我才看到另外還有兩位黑人，年紀都不大。其中一位一把扯開我襯衫口袋，發現裡頭只有一枝筆及一個小記事本，另一位則扯下我左手腕已有七、八年歷史的老錶。接著，他們對躺在地下的我一陣腳踢，驚嚇不已的我趕快以手護頭，深怕他們傷害到對我來說最重要的腦袋。

　　抱著頭蜷曲在地上的我，感到身體上下挨了無數腳踢；當時心裡只有一個念頭：天啊，請別讓我受到更大的傷害，趕快結束吧！終於，一陣跑步聲離我遠去，一切又恢復寧靜。我掙扎站起身來，把散落一地的書本拾起，快步離開現場，衝回家中。

　　當妻開門看到我一身狼狽模樣，馬上也就猜到發生了什麼事。驚魂甫定的我簡單對妻說了一遍事情發生經過，同時檢查身體上下受傷情形；除了皮膚多處瘀青，以及胸腹間隱隱作痛外，看來一切還好。抱著歷劫歸來的萬幸之感，我們甚至沒想到報警求援或上醫院檢查。我當時唯一的不解，是那些青少年為什麼要這麼做？就算要搶錢，又為什麼要打人？他們甚至連我褲子口袋裡的五塊錢也沒拿到，何苦來哉？整個晚上，我在全身疼痛不堪，以及腦子如走馬燈般不斷重複事件片斷中半睡半醒，同時還擔心第二天的考試。

　　次日，我仍強打起精神，完成了一整天的五場考試；除了一位較要好的同班同學外，我甚至沒有向老師透露自己前一晚曾經有過的遭遇。然而，我的全身酸疼，頭痛欲裂，思緒更難以集中；可想而知，我的答題表現也大打折扣。

　　不過，災難仍未結束；事件過後第五天，我身上的皮肉之傷已逐漸痊癒，只剩下胸口一塊瘀傷未消，提醒我那段前後不到一、兩分鐘，但卻留下心頭難以磨滅的創傷經驗。那天夜裡，我從睡夢中驚醒，感到胸口一陣鬱悶，便起身向浴室走去；我人才到抽水馬桶邊，肚腹就一陣翻攪，張嘴吐出一大口鮮血來，把自己給嚇了一大跳，人也倒了下來。

　　妻聽見我的嘔吐聲，趕緊起身探視，看到馬桶裡的鮮血及趴倒在一旁的我，也驚惶不已。當下我們就知道，那一定是上回事件留下的內傷所造成的後遺症，而且非上醫院不可。妻趕緊打電話給好友裕華，請他過來載我到醫院。裕華是我高中同學，不到一個月前也剛從臺灣來此間深造，自然是義不容辭地趕來幫忙。

　　我們前往的醫院是以急診救護出名的底特律接納醫院 (Detroit Receiving Hospital)，就在我就讀的醫學院隔壁，離我們住處只有五分鐘車程。由於不放心三歲的女兒一人在家，於是妻抱著熟睡中的女兒也一同前往。

　　當我們抵達醫院急診處門口，馬上就有人前來幫忙，扶我坐上輪椅，推進急診室。在這一點上，美國醫院是以病人的福祉為優先考量，不會因為沒有保險或繳不出保證金，而拒絕診治。然而美國醫院也門禁森嚴，我這一推進急診室，就有如深入侯門，與妻女、好友分隔兩地；他們不能隨侍在側，或隨意進來探望，我更是沒辦法自己走出急診間。這種等待過程的心焦，非過來人無從得知。

　　老實說，我身上接了許多管子，昏沉沉地躺在急診室的病床上，

除了不時有醫生、護士前來檢查詢問外，根本不曉得過了多久時間。事後還是由妻告知，她在外頭等了整整十個小時，才有醫生出來對她說，我有未知原因的內出血，已經輸了好幾單位的血，都沒辦法止住，非得開刀找出病灶才能止血，因此需要她簽字同意。面對如此嚴峻的情況，妻也只有信賴醫生，同意開刀。

我對急診室的記憶不多，只記得有位男護士推我去照 X 光，路上他給我打氣，說我還年輕，心肺功能強健，一定撐得過去。到達 X 光間後，他問我能不能自己起身，我沒多想就說可以；沒想到一站起身來，一陣天旋地轉，人就暈了過去。巧的是，前一週的資格考關於心血管生理的考題，問的就是大幅失血後，心血管生理的反應；我在迷迷糊糊中還想到：哇，目前身體裡的所有反應，與書本上所描述的一模一樣！

等我再度醒轉，已是動過手術後次日；在病房裡與妻女相見，恍如隔世。據醫生告知，我的食道與胃的連接處，有道裂口，經縫合後已無大礙；只不過開刀前醫生不確定問題何在，在我的胸腹正中開了一條長達十五公分的傷口，也給我留下一個永誌不忘的紀念。

在美國醫院的住院經驗，倒給我留下美好的印象。除了病房本身明亮、乾淨、舒適、方便外，其中祥和、安寧的氣氛，更讓人感到平靜與安心。如前所述，美國醫院門禁森嚴，除了固定的訪客時間外，多數時間病房裡就只有病人，及定時巡房的護士與醫生。對於需要靜養的病人來說，這點非常重要，國內醫院就經常做不到。

比起幼年割盲腸的經驗，在美國動的這場大刀，術後可是沒受

什麼折磨;除了飲食沒有禁忌外,醫護人員也鼓勵我多加走動,幫助傷口癒合。因此,住院不到一週,我就順利出院回家休養了。然而,美國急診、住院、麻醉及開刀的費用,也以昂貴出名,對我這個窮學生而言,可說是天價。所幸我的助教獎學金包括醫藥保險,與正式教職員享受同樣的待遇。像這種重大醫療花費,保險公司都全數負擔;因此,除了受驚一場外,倒是沒讓我欠上一屁股債。

我的這場意外及後續開刀住院,算是在負笈異鄉求學過程中碰上最嚴重的關口;之後雖不能說是一帆風順,但至少沒有再碰上更大險阻。當我重回系上復課,即將退休的系主任希格斯看到我,特別表示慰問之意;他並告訴我,這種創傷經驗的恢復需要時間,要我在心理上有所準備。誠然,有好長一段時間,我只要聽到背後有腳步聲,心頭就一陣緊縮,腎上腺素大量分泌,生怕舊戲重演❶。走在街頭,我也學會了所謂的「都市存活之道」(street smart):隨時眼看四面,耳聽八方,留意及避開可能的危機。這項讓我在底特律及紐約市順利度過接下來五年的本事,可說是付了昂貴學費才學到的。

受此意外影響,我的專業綜合測驗有兩科沒過,系上自然給了我補考的機會,我也順利過關。經此意外,接下來幾年,系上還提供我房租津貼的補助,讓我們只需付一半租金,就可入住學校宿舍;這也算是因禍得福了。

至於專題報告是在通過筆試後舉行,共分三場,一場題目自訂,

---

❶ 當年「創傷後壓力症」(post-traumatic stress disorder, PTSD) 這個名詞還不流行,
　但我的反應,就是教科書中的標準敘述。

兩場由口試委員指定，且必須與考生的研究專業不同。我自選的專
題是萬老師實驗室的研究成果（包括我的碩士論文），為此我寫信給
萬老師求救，萬老師越洋寄了一大包他實驗室所有發表的抽印本給
我，讓我順利完成報告。另外兩次指定報告的題目分別是：體液的
控制機制與痛覺的生理機制，我分別花了三到六個月時間準備，將
該主題的研究做了完整的梳理與報告，都得到不錯的成績，也讓我
對研究問題的信心大增。

蓋勒實驗室

　　我在選指導教授時並沒有考慮太多，完全按原先的興趣進了蓋
勒教授的實驗室。如前所述，蓋勒的博導瑞斯與萬老師的博導萊納
基師出同門，都是特納的學生，我會先後選擇他們作為我的碩士及
博士指導教授，可說是緣分不淺。

◆ 與實驗室同仁合影（左一二為作者及蓋勒）

泌乳素是腦下腺分泌的六種激素之一；顧名思義，它與哺乳動物的泌乳有關，在雌性哺乳動物的泌乳期會大量分泌，以維持乳汁的生成。泌乳素也是個古老的激素，存在於所有脊椎動物當中，不限於哺乳類；其功能五花八門，可大別為以下幾項：1.生殖與泌乳；2.水分與電解質的平衡；3.生長與形態發生；4.代謝；5.行為；6.免疫調節；以及7.外皮組織及外胚層構造。

蓋勒多年來從事泌乳素的神經內分泌控制研究，在泌乳素的領域小有名氣。先前研究發現，泌乳素除了在懷孕與泌乳期有大量分泌外，在雌性大鼠動情前期的午後，也有一短暫的高峰分泌 (surge)，與促進排卵的性腺促素有同步分泌的現象。已知該午後高峰分泌受到動情素（estrogen，也譯成雌性素）的刺激，如給去除卵巢大鼠補充一定量之動情素，就能持續引發多日泌乳素的午後高峰分泌。

蓋勒給我的研究題目是「參與動情素引發泌乳素午後高峰分泌之中樞神經區域」，也就是說，動情素到底作用於腦中何處，才引起了泌乳素的這種分泌。已知所有腦下腺激素的分泌，都受到位於上方的下視丘所分泌的激素控制，其中，LH、FSH、甲促素 (TSH) 與腎皮促素 (ACTH) 的生成與分泌是接受下視丘分泌的釋放激素 (releasing hormone) 刺激，而泌乳素與生長激素 (GH) 的分泌則同時受到釋放激素與抑制激素 (inhibiting hormone) 的雙重控制。

我所使用的方法主要是利用腦部立體定位 (stereotaxic) 的技術，將電極插入大鼠腦中特定部位，通以電流或射頻 (radiofrequency) 破

壞局部腦區，看是否影響了泌乳素的午後高峰分泌。在找出主要影響位置後，再以植入動情素的方法，看是否能引發泌乳素的午後高峰分泌。我利用事先從頸靜脈植入右心房的導管，可在同一隻大鼠身上做連續採血，藉以看出泌乳素在一天當中的分泌變化。至於泌乳素的定量，則是利用放射免疫測定法 (radioimmunoassay) 為之。

　　破壞腦區的實驗進行得頗為順利，我破壞了腦中好些含有高量動情素受體的位置，發現以破壞內視前區 (medial preoptic area) 的結果最為顯著，泌乳素的午後高峰分泌完全遭到阻斷。此外，破壞生物時鐘所在的視叉上核 (suprachiasmatic nucleus)，也得到顯著的抑制效果，顯示泌乳素的這種分泌受到生物時鐘的周期性調節。

　　接下來，將動情素植入腦區的實驗卻讓我花了許多時間，都無功而返。一開始是動情素的劑量問題：如果將未加稀釋的動情素粉末植入腦中，那麼動情素就會經擴散進入血液、進而遊走全身。這樣就算得出正面的結果，也未能確定是由動情素的局部作用、還是周邊作用造成。我的解決之道是將動情素以不同比例與膽固醇混和，加以稀釋，找出不引起溢出效應（spill effect，沒有引起周邊作用）、且能有效引發泌乳素分泌的劑量。

　　再來，我遵循先前破壞腦區的實驗設計，也在植入動情素後六到十二天進行採樣；然而無論我把動情素植入腦中何處，都看不到有任何作用，導致有一整年的實驗結果都是負面的，讓人喪氣不已。當時有位動物系學姊吳愛珠在外州取得博士學位後，來到韋大生物系做博士後研究；她雖然不是生理學專業，但在聊天時我談到實驗

的瓶頸，她隨口說了句：你可以換個採樣的時間點看看嘛；一句話點醒夢中人。

這樣的試誤過程是個寶貴的經驗，讓我學到了在觀察生物反應及藥物（包括激素）作用時，藥物劑量與採樣時間的重要性；也讓我對「生理劑量」與「藥理劑量」有了更深刻的認識，不會再像念碩士階段那樣懵懂無知。這個經驗也讓我體認到做實驗不能只聽從指令埋頭苦幹，必須根據實驗結果作適當的修正，否則很可能一頭鑽入死胡同而不自知。再者，與局外人的討論可以是有益的，常能看出自身的盲點。

在選對適當劑量與合適採樣時間後，接下來的實驗就順利多了：我在內視前區植入稀釋達一百倍的動情素後第二天起，就進行了連續三至六天的採樣，發現確實在每日午後都引發了泌乳素的高峰分泌，但隨著天數的增加而有遞減。因此一開始我選用的時間段（六到十二天）看不到反應，也是必然的事。

在終於得到肯定的結果後，我的博士論文研究也告一段落，接下來則是書諸文字的過程。我花了半年左右的時間寫作，每寫好一章，就請蓋勒指正。他看過後，我再按他的修改作最後的修訂完稿；就這樣一來一回，我完成了博士論文的寫作，也順利於 1984 年 8 月 3 日通過口試。之後，我將博士論文寫成兩篇相連的文章，投給本行最權威的期刊《內分泌學》(*Endocrinology*)，也順利得以發表（參見附錄論文著作）；這是我研究生涯中獨立寫作並發表的頭兩篇文章，彌足珍貴。

　　我在蓋勒實驗室學到的兩項主要技術是腦部立體定位及心房插管；前者可將電極或針頭插入大鼠腦中任何位置，後者則可讓實驗者在清醒的動物身上連續採取血樣。這兩項技術對神經內分泌工作者來說不可或缺，卻是我在萬老師實驗室沒有學到的。這兩項技術說難不難，但要是沒有有經驗的人指點竅門，是不容易無師自通的。

　　但當時我沒能領悟的是，神經內分泌這一行的研究，用傳統的研究方法已差不多走到了盡頭，大家都在尋求方法上的突破。我一頭鑽進蓋勒給的問題裡，直到要畢業了才真正感覺到自己的所學不足，想要進一步進修。

　　雖說蓋勒的實驗室並未提供我最先進的實驗技術，但我還是從他那兒學到了不少治學的態度與方法；像我一進實驗室，他就給了我一本精裝的實驗筆記本，要我在進行每個實驗之前，寫下實驗的目的、動物的分組、實驗的步驟等細節；等實驗結果出來後，則要將原始數據以及整理後的結果（包括圖表）都附在筆記本裡。這是實驗室的財產，學生畢業時也不能帶走（萬一哪天出現抄襲、造假爭議，原始的實驗筆記本就是最好的證據）。再來，每次實驗結果的分析、解讀，蓋勒都會同我一起進行，包括每隻動物腦部破壞或植入位置的確認在內，這也免除了個人的一些偏見。

　　在蓋勒的時代，並沒有個人電腦幫忙，像他每週必看的《最新期刊目錄》(Current Contents) 是書本版的，他用來索取論文抽印本的明信片是請工讀生手抄的（我當然是自己寫自己的）。他把收集得來的文獻都讓助理記錄在一張張 3×5 的卡片上，然後按姓名排列，

以便查尋。這些我也有樣學樣,到畢業時,手頭已有上千張的卡片及文獻收集,按我自己認為方便查尋的方式排列,也一路隨我搬來搬去,不斷增添。一直到我回國三、四年後,才找了一個資料整理的軟體,請助理及學生把幾千篇的文獻一一鍵入個人電腦。姑且不論用何種方式來整理文獻,我所服膺的原則是:「在你需要的時候要知道它的存在,並且要能夠找得到才算有用」❷。

我從蓋勒處學到了老派學者嚴謹治學的一面,後來也用在管理自己實驗室及指導研究生上,受用無窮。近年來國內常有學術造假的醜聞發生,個人在感嘆之餘,也感謝當年蓋勒的身教,讓我曉得學術操守 (integrity) 是什麼回事。

---

❷ 隨著網路及公用檢索系統的發達,這套老式收集文獻的作法已有大幅的改變;如今只要在美國國家醫學圖書館免費供人使用的「大眾醫學」(PubMed) 檢索系統網站輸入任何關鍵詞或作者、期刊、年分等資料,自 1960 年代中葉以來的相關論文幾乎都找得到,大部分附有摘要,小部分還可免費下載全文,這種進步,在當年可是難以想像。只不過方便歸方便,真正作學問所需要的閱讀整理功夫,還是不可或缺。

第 8 章

博士後研究階段

法夫教授

我在博士研究的第四年中，第一次參加了美國神經科學學會的年會，與會的過程中，使我的眼界大開，也深感自身之不足。我在準備畢業的前一年暑假起，就開始著手申請博士後研究工作的機會。我針對神經內分泌界的知名人士一一寫信自薦，也不管他們有沒有空缺，需不需要人。結果自然是拒絕的多，願意考慮的少，從中我也學到寫英文求職信的經驗。

我所申請的實驗室中，有一位在紐約市洛克斐勒大學 (Rockefeller University) 的法夫 (D. W. Pfaff，1939～) 教授回信表示有興趣，約我在該年的神經科學年會中見面。法夫在 1970 年代初以自體放射顯影 (autoradiography) 技術、定出動情素在中樞神經系統的結合位置，是最早提出該發現報告的實驗室之一。他的實驗室以雌鼠性行為的表現為動物模型，結合了神經解剖、電生理、神經化學、動物行為學以及晚近分子生物學的技術，進行系列性的研究，迭有新的發現，是我心儀已久的地方，也是我當年申請出國進修想去而未能如願者之一。這次有機會能前往學習，我自然不願放棄。

　　我還記得 1983 年 11 月初於波士頓召開的年會中，我上臺報告了博士論文的主要部分，法夫也特地進來聆聽，之後我們有第一次的晤面交談。那時我才曉得，他並不準備從他的計畫裡出錢請我，而是希望我寫一個美國國家衛生院 (NIH) 的博士後研究獎助計畫，自己支助自己在他那裡工作。我告訴他我是外國學生身分，不能夠申請 NIH 的計畫，他卻很有把握地說，從他實驗室送出的博士後研究獎助申請沒有不通過的（他自己是 NIH 複審委員之一），我也只好相信他。

　　法夫希望我去跟他實驗室的一位資深研究員高麗明（Lee-Ming Kow）博士從事電生理的工作（高也畢業於臺大動物系，加州理工學院博士，是高我許多屆的學長）；那時高博士剛建立以離體腦薄片為材料、進行細胞外單一神經元記錄的實驗。法夫便建議我利用這個方法來檢驗神經內分泌學上一個古典的問題：腦下腺前葉所分泌的激素是否可經由短徑回饋的路線來改變下視丘神經元的活性❶。那是一個典型新瓶裝舊酒的實驗，利用新的技術來探討老的問題，並提供新的證據及解釋。

　　我接下了這個挑戰，從到圖書館蒐集文獻、完成初稿寄給法夫修改、到一個字一個字以電動打字機完成定稿，前後花了約一個月的時間。我按 NIH 的要求影印了七、八份，厚厚的一疊在限期前寄

❶ 由腦下腺分泌的激素回頭影響下視丘的激素分泌或功能，稱之為短徑回饋 (short-loop feedback)，由周邊腺體分泌的激素來影響下視丘或腦下腺的激素分泌或功能，稱之為長徑回饋 (long-loop feedback)。

了出去；結果不出我所料，在 NIH 第一關就以資格不符被退了回來，根本沒機會進入審查。雖然如此，佛家所謂「功不唐捐」，努力總是有點代價的；法夫大概是看了我的計畫書，覺得不用可惜了，於是就從洛大校方申請到一筆博士後獎助金，付我的薪資，我也如願以償地在 1984 年 9 月到了紐約市，開始我的博士後研究生涯。

◆ 與法夫合影

洛克斐勒大學

顧名思義，洛克斐勒大學與十九至二十世紀美國石油工業鉅子洛克斐勒 (John D. Rockefeller, 1839～1937) 脫不了關係，事實也是如此。洛大原名洛克斐勒醫學研究院 (Rockefeller Institute for Medical Research)，在洛克斐勒的資助下於 1901 年成立，是美國第一所專注生物醫學研究的機構；其使命是：「以科學方法瞭解疾病的

性質與成因，並發展治療之道。」

　　該院成立之初並無定址，自 1906 年起，才在紐約市曼哈頓富裕的上東區，約克大道與東河之間縱長五條街的一塊農場土地上，建立起一棟棟研究大樓來。百年來，該院規模不斷擴增，並自 1955 年起招收博士班學生，1965 年正式改名為大學；然而，除了增建了幾棟高聳的大樓外，當初經名家設計的美麗優雅校園，絲毫未受影響。

　　由於洛大前身是純研究機構，因此組織與一般大學大不相同：以教授主持的研究室為基本單位，而不分任何系所。每個研究室以研究主題為名，規模大小全看主持者的研究計畫多寡與學術聲望高低而定。洛大只負責教授及少數人員的薪水，其餘人等都得由研究計畫的經費供養，但成員多達數十人的研究室在洛大比比皆是，不下於一般大學的系所。由於同一研究室成員的研究興趣與方向大致相同，彼此可截長補短，比起一般大學系所成員的研究興趣可能南轅北轍的情形來，更有助於研究的進展。

　　洛大出色的研究成果，由其教授群當中，擁有數目驚人的諾貝爾獎、拉斯克獎得主以及國家科學院院士，可見一斑。洛大成功的因素，除了以重金禮聘研究出色的教授外，其一流的周邊支援，更是關鍵；只要是為了研究所需，在洛大幾乎沒有什麼事是做不到的，繁縟的官樣文章則減至最少。全校似乎就是為了一個目標而存在：提供一流的研究環境，做出一流的實驗成果。

　　由於洛大成立的任務，是針對困擾人類的疾病，因此早在 1910

年，洛大就在院區內建立了一座專供研究的小型醫院，讓一批臨床研究人員針對特定疾病，選擇病人進住，做長期的觀察與治療。這是全美第一所結合臨床與基礎研究的醫院，成為後來許多機構模仿的對象。像是針對人類新陳代謝、進食與肥胖的研究，就是在洛大醫院進行的。

洛大研究工作

想要在學術界發展，並站穩腳跟，光是有個博士學位是有所不足的，得換個研究室做幾年博士後的獨立研究才行。選擇去哪裡做博士後研究也有講究，最好是找個比原實驗室更好或更知名的研究單位，才不枉費時間；要是留在原校、甚至原實驗室做博士後研究，則屬於等而下之的選擇。

我的博士後研究算是改了個行，從內分泌生理到電生理，有許多基本的東西要學；尤其是電生理需要用上許多記錄微量生物電的電子學儀器，算是生理學研究各分支中最難入門的一支。早期儀器製造業不普遍的時候，研究人員還得自行設計並製作儀器，益增其難。幸運的是，實際指導我的高麗明博士提供我許多協助，讓我很快就能上手進行實驗。

我所使用的材料是將新鮮鼠腦以特殊的振盪切片機切成 400 微米 (μm) 厚度的腦薄片，置於培養液中可維持其中的神經元存活至少一天，足供短期記錄之需。使用腦薄片來記錄神經元的放電型

態有好些優點，像標本的穩定度與精準的定位是活體記錄遠不及的。當然，腦薄片缺少了與其他腦區的聯繫，只能用來記錄及測試腦薄片局部區域的神經元活性，不能針對整體的生理或行為有任何探討。

電生理的實驗與內分泌實驗有個很大的不同，一般內分泌實驗從手術到採樣、再到激素的測定，可長達一個月才得出結果，因此研究者得有耐心；電生理實驗則不同，在記錄當下就能得知結果，讓人有即時的滿足感。但電生理實驗一次只能記錄一個神經元，同樣也要累積足夠多的神經元紀錄，才能得出結論。

由於我的第一個題目相當明確，計畫本身也已寫得很完整，雖然得到的結果以負面為主，但也可以下個小結論，也就是說，腦下腺激素對下視丘神經元的電生理活性沒有顯著的作用。因此只過了半年左右，我就著手撰寫第一篇論文，並順利被本行期刊《神經內分泌學》(Neuroendocrinology) 接受發表。

之後，我又開始了另一個題目，探討性釋素對下視丘神經細胞的影響。結果發現，性釋素本身對神經元並不具有強烈的作用，但對於正腎上腺素 (norepinephrine) 及血清張力素 (serotonin) 的作用具有加強及減弱的效應，顯示性釋素於此扮演著神經調節物質 (neuromodulator) 的角色。同時，我們也從另一生化實驗室取得不同的性釋素類化合物，與性釋素的作用相比較。這兩部分的結果我也都寫成了論文，並投送發表。我在一年內完成了三篇第一作者的論文，可謂收穫豐富。

◆ 高麗明博士

生活娛樂在紐約

　　俗稱 「大蘋果」(big apple) 的紐約市是全球金融中心，也是文化、藝術、時尚以及戲劇中心，更是愛看電影人的天堂，不單電影院多，電影的樣式也多，有老片有新片，外國片尤其多。很多戲院大半年就只放映同一部電影，但口碑好的場場可以爆滿，這場剛開演就有人排隊等下一場。只不過票價也貴，不分什麼日夜場，我為了多看幾場電影，還真得縮衣節食。

　　紐約的中國城有三、四家電影院，以放映粵語發音的港片為主，有新有舊，通常兩片齊映。我出國多年，也不免有些鄉愁；加上當年許多風月鹹濕片，都有國內版、海外版之分，在臺時只聞其名，未見其實，有機會當然要一飽好奇之心，因此也每週報到。

　　像李翰祥 (1926～1996) 導演的幾部風月之作 ， 都在那一年看了。裡頭擔綱的胡錦、恬妮多只做做樣子，局部鏡頭顯係替身上陣。倒是後期的《武松》一片，汪萍飾演的潘金蓮，為了表現怨婦的心情，有全裸出浴的鏡頭，不全然為脫而脫，較令人回味。而夏文汐一脫成名的《唐朝豪放女》，也看了完整版；以當年國片標準而言，果然豪放。

　　由於內子碩士班還有一年才畢業，所以我是單身一人前往紐約；每三、四個星期都會搭機來回底城與紐約一趟。紐約與底特律的飛行時間只需一個多小時，但機票錢卻也不便宜，來回兩、三百美金是正常的。以我第一年博士後獎學金的微薄薪資，原本是負擔不起如此經常開銷 。 但就在那一年 ， 有一家新成立的 「人民捷運」 (People Express) 航空公司幫了大忙。該公司總部設在紐澤西州的紐瓦克機場，收購了一大批二手的噴射客機，以最簡單（應該說克難）的方式營運，但票價卻是低得離譜，像紐瓦克飛底特律單程只要五十九元，大概是最早期的廉價航空公司。

　　至於這家「人民捷運」的運營方式，有幾個特點：首先，它的票不給旅行社代售，都是「直銷」，這樣就省了不少手續費；再來，它不事先開票，你只要打個電話去訂哪一天哪一班的飛機，留下姓氏即可。到了機場，它也沒有一般航空公司的報到櫃檯，就直接走到登機門，按訂位領取登機證，上頭也不排座位。登機時按先來後到自行選位，只要沒人的位置隨便你坐。機上當然沒有什麼頭等、

經濟艙之分，所以我經常坐第一排，圖個下機方便；有時駕駛室的門都沒關，讓我目睹飛機起降的情景。如果在臺灣的話，這種登機方式，大概會爭先恐後，但我的經驗是乘客都井然有序，反正一上一下不過一個小時，坐哪兒都差不多。也有不少人認為飛機後段較安全，並不會都搶前座。

這家公司最好玩的是，在起飛後五到十分鐘，飛機平穩飛行後，空中小姐、少爺就推車過來，一排一排地向乘客收機票錢，現金、刷卡均可，同時還兼販賣飲料點心：一罐汽水可樂，一包蛋糕、花生一律收費美金五角。我在紐約待了整整一年，來回飛了十幾趟該航機，內心著實感激這家公司的「便民」作風。

在那一年內，「人民捷運」膨脹迅速，飛行的地點愈來愈多，整個紐瓦克機場的北登機坪都給它占滿了。由於它的飛機都是從紐瓦克飛出去再飛回來，所以任何轉機都在該機場進行，感恩、耶誕節慶前後，機場更是人山人海。最離譜的是，你可以訂該公司從底特律到芝加哥的機票，只不過沒有直飛的班機，你要先往東飛到紐瓦克，再轉機往西飛，越過底特律才到芝加哥。雖然浪費時間，但票價仍是吸引人的五十九元。

在我結束「通勤」回到底城工作後不久，「人民捷運」也因擴充太快，週轉不靈，加上美國航管局對其飛機的安全性有所質疑，一夕之間就關門了，讓人不勝懷念。

離開紐約

　　我在洛大只待了一年，卻對我有不小的影響。紐約市本是人文薈萃之地，洛大更是人才濟濟的著名學府。在那一年當中，我有機會聆聽不少著名科學家的演講，也與不少同行及非同行有非正式的交談，對於自由、開放的學術風氣對研究工作的影響有更深刻的體認。另一方面，我對於美國學術界的功利主義也有一絲反感：許多位於第二線默默工作的科學家得不到應有的尊重（許多是華裔），反而是一些擅於自我推銷及玩弄政治手腕的所謂「學術名流」得到了過多的掌聲及注意。

　　我在美國的求學與工作雖然都算順利，但自始我就沒有留在美國工作的打算。或許是一點小小的民族自尊心作祟吧，覺得自己要教書就該教自己的子弟，要在研究上小有成果，就不希望有洋人的名字掛在自己的文章上面。因此我在博士後研究的第一年就寫信給臺灣的師長舊識，表明回國工作的意願。我的運氣很好，當年在萬老師實驗室的學長王錫崗回國已有五年，且剛接掌陽明醫學院的生理學科；而該年陽明生理學研究所獲准成立，迫切需要師資，王回信力邀我加入，我也沒多做考慮就答應了。

　　回想我出國六年，其間一次也沒有返鄉；而陽明醫學院雖是慕名已久，卻也從未造訪過。我除了要求有宿舍住外，並沒有講任何條件，就這樣做了人生的重大決定。許多在美友人認為有些冒失，但我卻滿懷興奮與憧憬，絲毫不以為意。

　　在我答應回國之後，因為家庭緣故，又延了半年才成行。那半年，我又回到韋大生理系蓋勒教授的實驗室做短期研究，一部分繼續我博士論文的工作，另一部分則以一發展中的新藥 ketanserin 為主，視其對泌乳素周期分泌之影響。由於自己一切駕輕就熟，順利在五個月內完成預期的工作，多了一篇發表於《內分泌學》雜誌的著作，而於 1986 年 2 月 1 日到陽明報到。

第9章

陽明醫學院

簡介

陽明醫學院於 1975 年成立,是除了臺大以外的第二所國立醫學院(屬於軍校的國防醫學院除外);更特別的是,該院醫學系學生在校期間全部公費,畢業後則有分發基層醫療單位工作若干年的義務,以改善臺灣地區醫療資源不均的現象。

當年的陽明只有醫學、牙醫與醫技三個學系,醫學系下則有解剖、生理、藥理、生化、微生物、寄生蟲、社會醫學等七個基礎學科;除解剖與寄生蟲兩科外,其餘學科都設有研究所,此外還有神經科學與醫學工程兩個獨立研究所,以及共同學科。每個單位如以四員一工的編制標準計算,全院教職人員不到百人;加上很多單位編制不足,因此總人數更少。這使得早期的陽明,如同遠古時代的人類部落般大小,每個人都幾乎認得(就算沒說過話)。

陽明生理學科及研究所

我到任時,陽明生理仍處於青黃不接的草創階段,除了受過完

整研究訓練的教授人數不足外，其餘講師、助教人員則忙於進修，常年不在國內，可謂兵將兩缺。陽明創校之初十餘年來，生理教學有許多單元都請國防及臺大生理的教授支援。我是下學期才來陽明報到，醫學系與牙醫系的生理學已於上學期講授完畢，只剩下開給學士後醫學系❶及醫技系的生理學，同時課程都已排定，不需要我上陣練槍；所以我有相當充分的時間備課，並藉機觀摩其他老師的授課方式，從中學習。

　　陽明生理所在我回國前半年成立，頭兩屆都只收了兩名研究生；自第三屆起，招生人數就增加到八名，之後則維持在十到十五名之間。增加研究生名額，在當時是大膽的舉措；因為之前二十來年，臺大生理所每年都只收一到兩名學生；許多還要念上三年，方可畢業，大大影響了國內生理學人才的培養。陽明生理所的成立，給國內醫專、護專及藥專的生理學師資注入了新血，四年後成立的博士班，更提供了上世紀九〇年代熱衷改制成為各種技術學院與大學的專科學校所需的師資。

　　而陽明生理的人事在我到職後五年內，有相當大的變動：其間有人退休，也有人離職，加上進修的同事相繼回國，以及新聘了幾位教師，師資陣容變得整齊許多。總的來說，在我任職陽明的十幾年間，陽明生理的師資陣容在國內算是數一數二的了，研究成果也領先其他生理科所，其中自然有自己的努力，我也與有榮焉。

---

❶ 陽明的學士後醫學系在我入職後次年就停招了。

◆ 民國 78 年陽明生理所碩士班第三屆畢業生與師長合影
（第一排左起：作者、陳鏡如、邱蔡賢、楊志剛、王錫
崗、姜壽德、賈愛華、李不偏）

生理藥理與生化微免

　　雖說陽明醫學院是單一性質的學院，專注於醫學教育，但院內
也分好幾個圈子，其中最主要的是生理藥理與生化微免這兩個大圈
子。生理藥理這個圈子還包括解剖與神經科學這兩個單位，生化微
免則包括稍後成立的遺傳所與生命科學系。

　　解剖、生理與藥理是現代醫學的基礎，從十五世紀文藝復興以
降就發展至今，屬於較為古典的學門；至於生化與微生物學的發展
較晚，一早也屬於生理範疇，於二十世紀初才獨立出去，免疫學的
成熟就更晚了。然而自 DNA 的雙螺旋結構於 1953 年被解開以後，
出現了所謂的分子生物學，給生化、微生物、遺傳與免疫等學門注
入了新生命，連帶著也給傳統生物學門造成衝擊。對此，哈佛生物

學者威爾森 (E. O. Wilson, 1929～2021) 有切身的體驗；他在自傳《大自然的獵人》(*The Naturalist*) 中詳細地描述了 DNA 結構的共同發現人華生 (J. D. Watson, 1928～) 所抱持的態度：

> 華生到哈佛所抱持的信念是：生物學必須改頭換面，成為研究分子與細胞的科學，並以物理與化學的語言寫就；之前的「傳統」生物學，也就是我所研究的生物學，已由類似集郵者所把持，這些人缺少將生物學改造成現代科學的才智。他以革命家的強烈輕視態度，對待系上大多數其他的二十四位成員。

至於陽明的情況，並沒有威爾森筆下的哈佛生物系那麼糟。到底陽明是醫學院，對醫護人員養成教育來說，解剖、生理與藥理的重要性不可或缺。同時，大家各屬不同科系所，還不至於直接發生衝突；但這兩個圈子互不往來、少有交集的情況也是真實的。尤有甚者，兩個圈子的人對彼此的工作也多有誤解與猜忌：生化微免圈的人會以為生理藥理領域發表文章較簡單容易，所以著作較豐；而生理藥理圈的人則覺得生化微免常誇大實驗的困難度，並把離體實驗的一點小發現就擴大解釋，華而不實。

這兩個圈子的不相往來與缺乏瞭解，可從專題討論的出席與升等委員會的分歧中看出：像生理、藥理、神研等單位如有知名的外賓來給專題演講，大家都會前去聆聽；但一般看不到生化與微免的同事，反之亦然。這當然是所學不同造成的差異，但也更加深了兩個圈子的隔閡。

　　然而無論是原先的醫學院，還是後來的生科院，教師評審委員會就只有一個，大家都按共同的標準審查；只不過隔行如隔山，想要真正瞭解另一行人員的成就，畢竟不是簡單的事，因此在決定升等時，兩方人馬不時會有意見相左的情況發生（這一點在第 11 章還會談到）。

　　其實醫學面對的是人，無論解剖、生理還是生化，都是瞭解人體運作所必須，至於藥理與微生物學則是探討外物對人體的影響，本就不應區分彼此；但在醫學研究變得愈加繁複之後，各領域之間也漸行漸遠，以至於到了難以交談的地步，這實在是非常可惜的事。其實生理藥理界人士大都知道傳統研究的限制，也都想方設法深化實驗，從分子的角度來探討問題；反倒是生化微免界自認走在研究前沿，無視甚至鄙視傳統研究的人還多上許多，這是十分可惜的事。

陽明藥理

　　在傳統醫學研究領域中，生理藥理本是一家，關係密切，這點在陽明也是如此。陽明藥理的創始主任周先樂，就是生理學者出身，但他沒待太久就辭職赴美了。當年藥理挑大樑的，是晚我半年進陽明的陳慶鏗，也是生理學者。

　　陳畢業於香港中文大學生物系，在美國印第安納大學生理系取得博士學位後，回香港大學醫學院生理系教了幾年書，又回到印第安納州立大學任職多年，並升上了教授。他來臺後第一年先是任職

新成立的中研院生醫所籌備處，一年後申請來陽明任教。陳的專長是生理學，所以來生理所應是理所當然，但當時生理所代理所長姜壽德另有考量，反倒是藥理所的陳介甫欣然聘用，於是陳就在藥理所待了下來。

陳是極具天賦的研究者，在實驗設計及成果展現上常有匠心獨運之處；再加上他中英文俱佳，寫作及發表論文的速度又快又好，在陽明無人能及。因此之故，國內的學術獎項，從陽明的慶齡獎、私人的王民寧獎、王世濬獎，到國科會的傑出獎、教育部的國家講座等，他都手到擒來，許多同儕在欣羨之餘，也備感壓力。

陳除了教學、研究都極出色外（他曾獲教育部特優教師獎，校內的獎項就不用說了），行政能力也很強，且極有企圖心，想更上一層樓。他喜歡結交朋友，請客吃飯是常事；他懂吃，也捨得吃，幾乎吃遍天母大小餐廳。此外，他幾乎每年都會舉辦一次學術研討會，並邀請國際友人與會，這是國內教授不大會做的事；陳在香港長大與國外任教的經驗，對此大有影響與助益。

我比陳小七歲，但所學相近，彼此欣賞，故成為工作上無話不談的好友。由於我倆分屬生理藥理，少了直接的利害衝突，還可互相幫忙，故此友誼長存。我回臺後最早發表的幾篇論文，投送前都請他過目指正；他也不吝以前輩身分告知我在學術研究上應該注意的事項，像是要專注某個問題深入研究，不要漫無目標；還有要保持著作表的乾淨，不要隨便掛名等。我因單身在臺，因此一週總會與陳一起吃上好幾頓飯，週六晚上則經常促膝長談。陳的夫人華瑜

也是出色的生理學者，近年還擔任了國際生理學會第一位華裔及女性會長，可謂殊榮。

　　不過我與陳同事的緣分只維持了十二年，1998 年他就跳槽去了高雄的中山大學；再四年，我也離開陽明，中間有二十餘年未再見面。但我倆情誼不減，每年歲末都會以電郵問候。2017 年我的新書《發現人體》出版，陳慨允作序；2021 年陳正式退休，我也製作了 PPT 圖文檔，捎上祝福。

◆ 陳慶鏗與作者

陽明改制大學

　　我在陽明前後待了將近十七年，其間經歷了學校改制的大事，也就是從學院變成大學。由於大學有學院數目的規定❷，因此學校

---

❷ 至少要有三個學院，每個學院也必須包括三個系或所的單位。

　　得設法成立新的學院；計畫中有護理學院、牙醫學院與公衛學院，於是牙醫系、護理系與社會醫學科都分別申請成立兩個研究所。

　　由於申請成立新系所得通過教育部審核，從申請到正式成立，至少要花上兩三年時間，曠日廢時，所以主事者想出了兩條變通辦法：一是把現有的醫事技術系、物理治療系與醫工所合在一起，成立了所謂的「醫學技術暨工程學院」；二是把醫學院下設基礎學科的研究所獨立出來，成立一個新的「生命科學院」；如此一來，加上原有的醫學院，就符合成立大學的最低要求了。

　　然而這麼做又產生新的問題，除了把性質相差甚遠的系所（好比醫技、物治與醫工）共冶一爐外，就是把許多原為一體的兩個單位分屬不同學院。那是因為醫學院下設的研究所，除了神經科學、遺傳與臨床醫學三所外，都是與醫學系下設的學科合而為一；也就是科所不分，教師是同一批人，主管通常也只有一位。如果把研究所獨立出去，那麼科所將分屬不同學院，各有不同的院長及委員會管轄，勢必造成困擾。

　　對解剖、生理與藥理這些傳統的醫學相關科所來說，要獨立於醫學系（院）之外是難以想像的事，因此大都反對；但生化微免這兩個科所就不那麼在意，反而樂意回歸純基礎研究的生命科學院。對醫學院與醫學系來說，自然也不願意看到自己的編制縮減；爭執到最後，還是為了達到成立新學院的目的，強行將科所分了開來。

　　陽明從學院改制成大學究竟是得是失，不同的人會有不同的看法，不可能有定論；再者，對沒有發生的事，也無從得知好壞。但

就改制後我留在陽明的八年來看，弊多於利；主要是因為學校整體
的經費沒有增加多少，分錢的單位卻多了許多，造成各單位的經費
不增反減，引起許多抱怨以及單位間的猜忌。總之，陽明不再是一
個小而美的學院，而變成了一個實質沒有多少改變，外在卻大而無
當的大學❸。

---

❸ 2021 年陽明又與交大併校，成為一所大學，也可見當初改名的決定有些多餘。

第 *10* 章

我在陽明的研究與生活

初抵陽明

如前所述，我之所以選擇陽明，而沒有考慮母系臺大動物系，除了王錫崗的熱情邀請外，還有幾個理由：其一是我在美國韋恩州立大學醫學院的生理系取得博士學位，回到同屬醫學院的生理科所任教，理所當然；其二是研究環境的考量，因為我在留學期間，於《中央日報》海外版讀到陽明新建的動物中心落成，這是以動物做活體實驗的研究者必備的設施，臺大動物系則沒有這種條件；其三是王錫崗告知，陽明生理學研究所方於 1985 年獲准成立，招收第一屆研究生，我將是第一位新聘的研究所師資。有自己的研究生可以指導，是所有研究人員的理想，我自不例外。最後一點則是醫學院的教學負擔，一般要比其他學院來得輕鬆，可有更多時間用於研究；同時醫學院的研究設備與經費，一般也會比其他學院來得充實。所以，我毫不猶豫地選擇到陽明任教。

由於我之前從未造訪過陽明，對陽明的環境一無所知，我只向王錫崗提出一個要求：希望學校提供宿舍。我自上大學起孤身一人來到臺北，到我出國念書，八年間都是住學生宿舍及賃屋居住。當

年我兩手空空出國，靠著獎學金拿到學位，回國時也沒什麼積蓄，不可能買房，所以有地方住是我最大的願望。

由於陽明還算是新學校，加上絕大多數新聘的教授，都是像我這樣從海外學成歸國的學人，因此學校蓋了好幾批學人宿舍，供這些人居住。最早的是在半山腰蓋的一批獨門獨戶、帶個小院子的宿舍，只有十來戶，稱為山上村；後來幾批則是在山腳下、靠近校門處蓋的三棟四到五層樓雙拼公寓，稱為山下村。幸運的是，我應聘時，山下村的第二棟公寓方落成不久，還有空房；王錫崗幫我申請了一戶，於是我也有了落腳之處。

該學人宿舍公寓有三房兩廳一廚房二衛浴，約有四十坪，比當時的標準稍寬敞些，給一家四口住起來還算舒服。一開始配給我的是位於頂層五樓的公寓；我在報到後，以自己得過小兒麻痺、上下樓梯不便為由，申請換到了二樓。我在該處一住十七年，直到離開陽明為止。

我對陽明的第一印象很好，那是一所依山興建的學校，除了進校門後右面有一大塊平地，作為球場及操場外，其餘校舍都建在山坡上。山坡地種滿相思樹，鬱鬱蔥蔥，校舍則點綴其間，風景優美。我工作的單位：生理科所，以及所有其他的基礎醫學科所，都位於學校的最高點：實驗大樓。從山腳住家走到我的研究室，至少要二十分鐘；同時一路都是爬坡，讓人走得氣喘吁吁，大汗淋漓。

除了沿著大馬路旁的人行道上山外，我更常走的是山坡樹林間的一條登山步道，以避開過往汽機車的廢氣。步道階梯是以廢棄的

鐵路枕木搭建而成，從山腳垂直蜿蜒而上。走在林間的登山步道，不單距離較近，且有林蔭遮陽，舒服一些；但林間蚊蚋叢生，加上運動出汗，走一趟下來難免被叮上幾個包。出林間步道後，就來到了行政大樓。穿過大樓中庭，之後還要爬上近百個水泥階梯，中間越過環山路，才到得了實驗大樓。我在陽明的頭三年都沒有買車，每天早上走到研究室，就等於晨起運動了一番。

位於陽明與榮總後山，有個景點叫「軍艦岩」，是附近居民與遊客常來造訪之所，尤其是在清晨、傍晚以及節假日，往來行人絡繹不絕。此外每日清晨，不少附近居民天不亮就登山健身，有的還練起「獅吼功」來，聲傳數里，吵得山上村學人宿舍的老師及家屬清晨不得好眠（我住山下村好一些）；後經警衛勸導，就沒有那麼吵人了。從軍艦岩往北投方向走不遠，還可以來到俗稱「情人廟」的照明寺，是我經常在實驗之餘與學生散步的路徑。

我來陽明報到時，陽明剛慶祝完建校十週年紀念，校園已初具規模：除了最早蓋的實驗大樓外，像教學大樓、行政大樓、圖書館、醫學系館與牙醫系館、男女學生宿舍、餐廳、活動中心、游泳池等，都已完成並使用，可說是一所小而美的學院。至於第二棟供基礎醫學與醫技系使用的研究大樓，主體建築也已大致完工，只剩內部的裝修。幸運的是，生理、藥理與神經科學等幾個基礎單位，被分配搬入全新的研究大樓；因此，我不但有全新的研究室可用，同時還可以從頭設計自己的實驗室；這一點對任何研究者來說，都是難得的機運。

◆ 於研究大樓的新研究室

　　我是同兩位女兒一起回國的，內子則暫留在美國工作。我一回
來，就先安排女兒的上學事宜。大女兒上立農國小三年級，小女兒
則上榮光幼稚園小班。立農國小離陽明步行約十五至二十分鐘，不
算太遠，大女兒可自行上下學；榮光幼稚園就在陽明校園內，出家
門走幾步路就到，我上班時帶著她一起出門，十分方便。為了不耽
誤工作，我請了位兼職保姆，傍晚來家裡等大女兒放學以及接小女
兒回家，並幫忙做頓晚餐。

　　我與兩個女兒生活了十個月後，內子回臺省親，把小女兒接回
美國，大女兒則留臺由我照顧。三年後，我有機會再度出國進修，
於是大女兒也回到內子身邊，我則成了內在美的空中飛人，每年寒
暑假都會返回美國家中。

回國頭三年的研究工作

　　三十幾年前的陽明，真是一個小而單純的工作環境。我到陽明沒多久，幾乎所有的老師都認得了，大家也都很熱心地提供一些生活及工作上的經驗。當年學成回國的熱潮才剛開始，所以對新回國的人還抱有蠻大的興趣；我回國的頭幾個月內，就跑遍了臺灣南北各大學，給了不下六、七場的演講。除了與舊日師長朋友重聚外，也認識國內學術界（主要是生理學門）許多資深工作者，對自己研究生涯的開展也不無助益。

　　由於我在出國前有過研究的經驗，知道國內做研究的辛苦，不會全以美國的標準來衡量，所以回國後適應起來不算有太大的困難。國內的研究環境隨著經濟的成長，比起我當研究生時已有長足的進步；許多當年不敢想像的儀器設備都可以逐步添購，研究所需的各種試劑也陸續有廠商代理，使得研究工作的進行順利許多，不至於舉步維艱。

　　一開始，我的實驗室就是按內分泌與電生理兩個大方向建立的。內分泌方面所需的大型設備較少，唯一缺的就是放射免疫測定所需的多探井伽瑪計數儀。我回國第二年，就申請了國科會的中型儀器計畫，購置一臺十探井伽瑪計數儀。當時國科會還在愛國東路的一處平房，要求所有申請人到國科會對著審查委員當面報告。那也是我第一次踏入國科會的大門，同行的還有陽明生化與微免的幾位同事。我為了該次報告，製作了精美的投影片，詳細說明了為什麼需

要該儀器的理由。主持審查的是臺大藥理的張傳炯 (1928～) 教授，問了我幾個問題。結果我是陽明諸多申請人中唯二通過者之一，一口氣拿了九十萬的經費，跌破許多人眼鏡。

　　至於電生理實驗所需的儀器既多且雜，從電極製作器、微調節器、放大器、示波儀到多頻記錄器等，缺一不可。好在陽明對新進老師有儀器設備的補助，加上第一年的國科會計畫經費，我也逐步購齊了所需的儀器，並在第二年後開始運作，算是相當順利的了。

　　我在陽明最早進行的實驗，是一些我在學習研究的過程中想到、但沒有去解決的問題，所使用的方法及設備也都以現階段可行的為主。譬如我第一位研究生陳巧文的論文就使用了去甲狀腺的動物為模型，探討泌乳素的分泌可能產生的改變。基本上，這個題目結合了我碩士及博士時期的研究，卻是更值得探討的問題；因為泌乳素和甲促素 (TSH) 的分泌都受甲釋素 (TRH) 的控制，因此當甲狀腺功能不正常時，泌乳素要比之前萬師要我研究的性腺促素（LH 與 FSH）更可能受到影響。這一點在臨床上也有報告，似乎與性別有關（女性更容易得病），但詳細機制並不清楚。

　　我們使用了去卵巢及去甲狀腺的雌鼠，分別補充甲狀腺素或動情素，發現只有補充動情素的去甲狀腺鼠，血中泌乳素的濃度有顯著上升，不補充動情素或只補充甲狀腺素者則有下降。顯示動情素有促進、甲狀腺素有抑制泌乳素分泌的作用。因此造成甲狀腺功能不足並補以動情素的去卵巢雌鼠血中的泌乳素大量升高，出現所謂高泌乳素血症 (hyperprolactinemia) 的徵候，這一點與臨床的發現相

符：甲狀腺功能低落的女性比男性有更高的比例罹患高泌乳素血症；高泌乳素血症則是造成女性不孕的重要因素之一。

　　這個實驗，使用了一些動物手術、心房插管、活體連續採血等實驗技術，加上泌乳素的放射免疫測定，算是相當經濟的研究；但因問題合理、實驗設計完整、結果也符合假說，因此得以發表在一流的《內分泌學》期刊上，是相當令人高興的事。

　　我回國第一年還收了一位神經科學研究所的學生張金龍，我給他的題目則是「類鴉片物質 (opioid) 刺激泌乳素分泌與血清張力素的關係」。這是利用神經傳遞物質 (neurotransmitter，又稱神經遞質) 與神經肽 (neuropeptide) 的致效劑 (agonist) 與拮抗劑 (antagonist) 為實驗工具，來探討內生性神經遞質作用的生理機制。

　　傳統生理學者對於實驗中使用藥物頗為排斥，以為不夠純粹，也導致生理與藥理的分家。殊不知身體本身就帶有許多具強效作用的神經傳遞物質、神經調節物質、激素與細胞素 (cytokine) 等化學物質，與藥物無異。這些物質大多經由與具專一性的細胞受體 (receptor) 結合才產生作用。許多天然與人造的化合物能夠模擬這些內生性化學物質的結構，並與其受體結合，造成加強或阻撓的效用，也就成了致效劑或拮抗劑。

　　我給張金龍的研究問題明確，研究方法與實驗結果直截了當，所以寫成論文後也順利發表在《內分泌學》期刊，還有一部分則發表在《神經內分泌學》期刊。

　　我回國後的頭幾年，以類似的研究模式，配合一些血清張力素藥物及腦下腺後葉激素的使用，做了系列的研究，也都發表出去，建立起自己獨立研究及指導學生的信心。回想起來，自己蠻幸運的，沒有走太多的冤枉路。從事研究工作，本來就是向一個未知的世界挑戰，除了不能問超出自己能力太多的問題之外，在能力範圍內的，也說不準會得出怎樣的結果。一方面我們先要確信自己的方法無誤、結果可信；再來我們要以開放的態度來看得出的結果，看看它到底告訴我們些什麼；最後再以最精簡、合邏輯的方式將其以文字呈現，讓別人知道自己的研究所得。

　　在這個過程中，我得到許多人的助益，譬如王錫崗先行建立了放射免疫測定法所需的基本設備，使我也很容易地建立起自己的系統。再來，我從陳慶鏗處學到許多做研究的態度與方法，我早期的幾篇論文都得到他的潤色指正，獲益匪淺。說真格的，一位研究工作者成長的路途是相當漫長的，剛拿到博士學位時，雄心萬丈，以為自己沒有什麼不能做的；總要等到獨當一面時，才曉得自己的不足。在碰到困難時，如果不曉得尋求幫助，又沒人拉拔一下的話，許多剛起步的年輕研究者很可能就踏不出第一步！

再度出國進修

　　我在陽明工作滿三年後，便申請留職出國進修一年的機會。由於內子和女兒仍住密西根州，因此我申請的實驗室還是以位於密州

為主。透過蓋勒的引薦，我申請到密西根州立大學藥理及毒理學系摩爾 (K. E. Moore) 教授的實驗室，作為期一年的訪問進修。我在摩爾的實驗室從 1989 年 10 月初待到 1990 年 8 月底，共十個月。

◆ 摩爾教授

　　摩爾的實驗室是研究下視丘多巴胺神經元的先驅之一，曾有許多獨特的發現，也是我慕名已久的地方。事實上，早在博士班畢業前一年，我就寫信給摩爾詢問博士後研究工作的機會，他回了封客氣的長信給我，說明沒有空缺的原因；1985 年我回韋恩生理系待了半年所做的實驗中，一部分腦中單胺物質的測定就是委託摩爾的實驗室進行的，只不過我與摩爾一直未曾謀面。

　　先前提過，泌乳素的分泌受到下視丘分泌釋放與抑制激素的雙重控制，其中尤以抑制為主；已知泌乳素抑制激素是多巴胺 (dopamine)，而所有其他的下視丘激素都是胜肽。多巴胺是兒茶酚胺 (catecholamine) 的一員，是腎上腺素與正腎上腺素的前身，也是

神經傳遞物質之一。因此，多巴胺的作用廣泛，參與了動作控制、情緒報償，以及激素分泌等生理功能。我一路做泌乳素的分泌控制實驗，位於下視丘的多巴胺神經元自是最重要的因子之一，但受限於方法，一直未能直接研究。1989 年我參與陳慶鏗組織的群體研究計畫，題目就是探討下視丘神經元活性與泌乳素分泌之間的關係，只不過我用的是離體電生理的記錄，只能提供間接的證據，未能確認記錄到的神經元是否就是控制泌乳素的節結漏斗多巴胺神經元 (tuberoinfundibular dopaminergic [TIDA] neuron)❶ 。

　　至於摩爾實驗室使用的是神經化學的測定法，以高效液相層析 (high performance liquid chromatography, HPLC) 加電化學測定法 (electrochemical detection, ECD) 來決定腦組織中生物胺的濃度，進而得知多巴胺合成與釋放的活性。同時，在犧牲大鼠取得腦組織時，可同時收集血樣，供測定泌乳素之需。如此一來，就可以看出多巴胺神經元活性與泌乳素分泌的直接關聯，大大增加了研究的廣度與深度，對我的研究來說是再好不過的選擇。

　　摩爾在我去的前一年接了系主任的行政工作，比較少有時間花在實驗室，而由另一位路金蘭 (Keith J. Lookingland) 助理教授負責大部分實驗室的管理工作。由於我是客卿身分，所以得到相當的尊

---

❶ 中樞多巴胺神經元分好幾個系統，從神經元分布、投射位置，以及功能都有所不同，其中尤以控制動作的黑質紋狀體 (nigrostriatal) 及控制情緒報償的中腦邊緣 (mesolimbic) 多巴胺系統最為人知。至於位於下視丘的節結漏斗多巴胺神經元知道的人較少。

重，也有相當大的自由；我在實驗的進行上都親力親為，並不假手他人，所以很快就學會摩爾實驗室的大小技術，包括從腦室插管注射藥物、從冷凍腦組織切片做微穿孔取樣等。所謂截長補短、融會貫通，是前往其他實驗室學習的最大收穫。

高效液相層析原本是純化學分析的技術，對專攻生物的人有些困難度；所幸該技術已臻成熟，硬體的操作及維護已非如此之難。研究者只需有個概略的知識，做好品管及保養的工作即可，不一定要有深厚的化學基礎。此外，摩爾是神經藥理學家，正好也讓我這個生理出身的人多學些藥物使用的常識，以免再犯連「生理劑量」及「藥理劑量」都弄不清楚的錯誤。

我在摩爾的實驗室雖只待了短短十個月，卻完成了不少工作，前後寫了三篇以第一作者身分發表的文章，其他還有近三分之一的工作，因為沒有顯著或一致的結果而未發表，成果算是豐碩的了。我人雖在美國，但陽明的實驗室仍有兩位研究生幫我照看著，我也趁空檔將前一、兩年研究生的論文寫出了四篇文章，是頗為豐收的一年。

1990 年至 2002 年

1990 年是我的幸運年，先是我的教授升等順利通過，再來我獲得該年的慶齡基礎醫學獎座，年底又得到國科會的傑出研究獎，似乎所有的好事都讓我碰上了。我覺得這世上的事常是無所為而為，

反而能達到目的；千方百計地刻意經營，或可獲利於一時，終究不得長久。我前些年的努力，並未以獲取這些榮譽為目的，只是做我喜歡且認為應該做的事，我也不確定我是否已經夠格得到這些獎勵，但能得到同儕的肯定，自然是高興的。

　　以升等來說，我是較有把握的，我到陽明四年，已有不下六篇從自己實驗室出品的論文發表於國際知名雜誌，以今日較嚴格的標準來看也還過得去。而慶齡獎座是慶齡基金會專門提供給陽明基礎學科老師的研究獎，獲獎的實質好處重於榮譽；至於最讓自己高興且讓別人跌破眼鏡的，要屬國科會的傑出獎了。我在過去幾年一直只有甲種獎助，連優等獎都沒拿過，一下子得了傑出獎，連自己都不大相信。這裡頭不能說靠自己的努力就夠了，所謂的天時、地利、人和的因素應該不小。當時國科會生物處新任處長林榮耀極力提攜後進，只看成果、不計輩分，因此有不少像我這樣出道不久、剛嶄露頭角的年輕一輩在那幾年得了傑出獎，早幾年或晚幾年就不是那麼容易的事了。

　　天下事有好就有壞，升了教授及得了獎以後，有些事就變得不大一樣了。我雖然自認還是原來的我，但許多人則以不同的眼光及態度對待。我在學校裡服務性質的工作一下多了起來，大家嘴裡說你是能者多勞，私下難免認為你多做點事也是應該的，不必再花太多時間在研究上了。另一方面，動不動想掂量我究竟有幾分能耐的人也多了些。這裡頭最難調適的還是自己的心理：一方面，我認為自己當之無愧，不必管別人怎麼想；另一方面，自己也有點心虛，

明明還沒有多麼了不起的成就，怎麼能因為得了個獎就沾沾自喜、自以為比別人行了呢?同時心裡又怕萬一接下來實驗成果無以為繼，下回拿不到獎，不是更要被人所笑了嗎？這種患得患失的心理著實困擾了自己好一陣子，陳慶鏗以過來人的身分笑著對我說：「歡迎加入俱樂部」(Welcome to the club)，我大概也過了好長一段時間才逐漸習慣所謂的「盛名之累」，不再為其所擾。

得了傑出獎確實也讓我享受到一些優待，我向國科會申請的計畫、儀器獎助及出國開會幾乎都順利通過，不像之前出現計畫經費被刪以及只補助一半旅費的事情。再度進修回國後，我便積極建立自己的 HPLC-ECD 系統，以便應用新的技術在既有的實驗上。我以中型儀器項目向國科會申請添購了兩套 HPLC 加 ECD 測定系統，全部資料經數據轉換後都存入電腦，一併分析計算，比起摩爾實驗室的更為先進好用。經由此設備，我的研究方向就由單純測定泌乳素分泌的改變，增加到同時測定下視丘多巴胺神經元活性的變化；後來更轉變成以後者為主，前者為輔了。

1991 年陽明生理所博士班成立，我的實驗室規模也增大了一些。原本一年最多收兩名碩士班研究生，每人修業期限兩年，因此只能讓他們做些較短小的題目；如今有了博士班學生，就可以嘗試較困難的題目及研發新的技術，研究也能做得更完整些。除了少數例外，我的博士班學生都是先前的碩士班學生，已經熟悉實驗室的技術，也有過寫作碩士論文的經驗，所以是實驗室更有力的幫手。

　　我的實驗室結合了內分泌、電生理、神經化學及免疫組織化學等研究法，來探討下視丘多巴胺神經元活性與泌乳素分泌之間的關係，同時加入不同神經活性物質及內在節律等因素，得出一些前人所未見之結果。從 1990 年再度進修回國到 2002 年離開陽明的十二年間，我一共發表了五十五篇文章，其中主要發現條列於下：

1. 去甲狀腺及去卵巢雌鼠經補充動情素後，會出現高泌乳素血症，同時伴隨有下視丘節結漏斗多巴胺神經元活性的增高。我們更以實驗證明：TIDA 神經元活性的增高是由增多的泌乳素回饋刺激 TIDA 神經元本身所導致。

2. 鈴蟾素 (bombesin)、神經調壓素 (neurotensin) 與催產素 (oxytocin) 這三種神經肽對下視丘弓狀核神經元的電生理活性都具有強力刺激性；從腦室注射這三種神經肽也都會興奮 TIDA 神經元的合成與分泌活性，並抑制泌乳素的分泌。

3. 體抑素 (somatostatin)、類鴉片物質 (opioids)、γ-胺基丁酸 (GABA) 與血清張力素對 TIDA 神經元的合成與分泌活性都具有強力抑制性，並刺激泌乳素的分泌。

4. 我們專注記錄下視丘弓狀核背中區 (dorsomedial arcuate nucleus, dmARC) 的神經元（該處是 TIDA 神經元的集中地），發現有高比例的神經元活性受到多巴胺的強烈抑制。我們進一步發現，多巴胺對 dmARC 神經元的抑制作用，有多巴胺 D_2 及 D_3 受體的參與，顯示該批神經元很可能就是 TIDA 神經元，受到本身分泌的多巴胺作自體回饋抑制。

5. 我們發現，雌鼠 TIDA 神經元的活性呈現日變周期韻律 (circadian rhythm)，也就是在每日午後，其多巴胺的生成與分泌活性會有所下降。這種變化具備日變韻律的各種特性，包括受到腦中生物時鐘視交叉上核 (suprachiasmatic nucleus) 以及光照周期的控制，並可由外源補充的褪黑激素 (melatonin) 同步化。

6. 午後 TIDA 神經元活性的下降是引發泌乳素高峰分泌所必需；若以任何方式阻斷或干擾這個韻律，泌乳素高峰分泌也會受到影響。

7. 我們針對 TIDA 神經元的日變周期特性，做了系列研究，像是性別差異、發生過程，以及各種參與調控的因子，包括乙醯膽鹼、類鴉片胜肽、助孕酮、一氧化氮、褪黑激素以及前列腺素等，都得出顯著的結果。

　　由於我的實驗室針對 TIDA 神經元及泌乳素之間的關係作了系列發表，1994 年初我收到英國格拉斯哥大學藥理學系的史東 (T. W. Stone，1947～) 教授來信，希望我以〈多巴胺的神經內分泌功能〉為題，寫一篇回顧性論文，收錄於他所編纂的專書《中樞神經系統之神經傳遞物質與神經調節物質：多巴胺》（由美國 CRC 公司出版）。我與史東素昧平生，至今也還無緣一見，蒙其青睞，備感榮幸，也認為是十分難得的機會，可以將自己的發現及觀點作完整闡述，讓更多同行知道，因此一口答應下來。

　　我在學期中陸續收集資料及閱讀，然後以整整一個暑假的時間將草稿寫出，再花了一個月的時間編排超過兩百篇的文獻及定稿，而在限期內寄出。雖然這不是自己第一次寫回顧性論文，但卻是第

一次有機會接受邀請在國際性出版的書籍上發表，是彌足珍貴的經驗，對個人的研究來說，也是一種肯定。

接手行政工作

在陽明工作六年後，我便接替王錫崗擔任生理科所主管一職。學術主管對內引領研究風氣，對外代表整個單位，應該是有德有才者居之；但國內主管一任三年（得連任一次），淪為服務性質，並無太多實權，反而多了許多雜事；因此多是由教授輪流擔任，但也有人堅持不做。當然，好名好權者所在多有，還是有人趨之若鶩。我自認有股使命感，能做好這份工作，所以當仁不讓。

科主任的主要工作之一，是每學期開學前編排大學部課程的課表。陽明生理學科負責幾乎所有大學部的生理學教學，包括醫學系、牙醫系、醫技系、物治系、護理系以及醫工所在內（唯一例外是1996 年成立的生命科學系）。其中醫學系與牙醫系、醫技系與物治系、護理系與醫工所合併上課，所以分成三班。至於課程內容則是按生理各系統大小來安排時數，授課老師也是按專長分配，輪番上陣，盡量讓每位教授的授課時數相當。

再來就是每次月考前的試題收集、試卷制備，以及監考計分等工作。等考試結果出來後，還要視學生成績與試題難易程度作整體的修正（通常是加分）。這些技術性工作並不難，但要做到不出錯且面面俱到也不是那麼容易。

　　生理科所自成立起就配置有一名祕書（占助教缺），協助兼任教務長的姜壽德主任。我繼任主任前，原祕書突然申請轉調至醫技系，於是生理科所新聘了一位張素美小姐接任。素美做事幹練，在行政工作上幫了我不少忙，是我擔任主管期間最得力的幫手。

　　至於研究所所長的主要工作，則是研究所的招生與研究生的分配。前一項工作我不假手他人，自己出題及評分，希望挑選出不讀死書的學生；後者我則不加干涉，讓學生自行決定（至於專任與兼任教授每年能各收幾位學生，則由科所會議決定）。

　　擔任主管確實有一項讓人覬覦的權利，那就是經費的使用。每學年學校分給各單位的經費分好幾項，其中尤以設備費最受矚目，因為生理屬於實驗科學，每個研究室或多或少都有設備的需求。在研究經費拮据的年代，這筆經費通常是主管的禁臠，任由其支配。較為民主一些的單位則是平分，但僧多粥少，平分下來每人拿到的一點錢可是什麼有用的儀器都買不著。我採行的原則，是優先分配給新進教師使用，好讓其盡快建立起實驗室，可以上手進行實驗。至於較資深同仁的需求，則盡量從研究計畫中申請。

　　我心目中理想的學術主管，是維持一個開放且積極的學術研究環境，讓同仁都能專心於教學及研究工作，不需要為太多瑣事煩心，更不需要彼此猜忌、勾心鬥角。只不過理想敵不過現實，我還是未能逃過人性的怨忌，只做了一任就下臺了。

教授休假年

卸下主管一職後，我無官一身輕，次年即申請休假，到國外實驗室充電。教授一職每服務七年，可申請休假進修一年 (sabbatical year)，這是給大學教授的福利，也是提供教授充電的機會。我同時還申請了以李卓皓❷為名的內分泌學進修獎助金，作為生活津貼。

我選擇進修的地點，是密西根大學精神衛生研究所（University of Michigan, Mental Health Research Institute，目前已改名為分子及行為神經科學研究所） 沃琛 (Stanley Watson) 及阿奇爾 (Huda Akil) 夫妻檔的神經內分泌學實驗室。該研究所附屬於密大醫學院的精神學系 (psychiatry)，因此研究方向以各種精神疾病（精神分裂、抑鬱、雙極障礙等）、情緒壓力及藥物成癮為主。

阿奇爾當年的成名作，是發現內生性鴉片類物質參與腦幹刺激引起止痛的機制；沃琛則是利用神經化學法進行腦部的顯微解剖知名。他倆從相對簡單的行為學及解剖學研究開始，一路到使用複雜的原位雜合法 (in situ hybridization)、基因選殖 (gene cloning)、微陣列（microarray，俗稱基因晶片 gene chip）等分子生物學技術，可說是一直走在科技前沿。這也是美國成名實驗室的長處，可以吸引擁有不同專長的研究人員前往，幫忙建立新的技術。

---

❷ 李卓皓 (1913～1987) 是國際知名的華裔生化內分泌學者，於美國加州大學任職長達四十五年，發現了許多腦下腺激素，曾是熱門的諾貝爾獎候選人。

　　說起來，沃琛與阿奇爾的研究離傳統的神經內分泌學有些距離，但他們針對內生性類鴉片胜肽以及腎上腺皮質類固醇(adrenocortical steroids) 受體，詳細研究了它們在腦中的分布及功能，卻都是神經內分泌學所關切的問題，雖然他們更感興趣的是壓力生理及精神疾病。

　　至於我前往該實驗室學習的目的，是想利用原位雜合法來定量 TIDA 神經元上的多巴胺受體。由於我的實驗室發現，多巴胺對 TIDA 神經元具有抑制作用，其中有 D_2 及 D_3 受體的參與；同時，TIDA 神經元活性表現出日變周期，因此我有興趣得知，D_2 及 D_3 受體在 TIDA 神經元上的表現，是否也有日變周期的變化。

　　原位雜合法的原理，是利用人為製造單股帶放射性的特定核醣核酸探針 (DNA/RNA probe)，與組織切片中與之互補的天然 DNA/RNA 配對結合，然後讓放射性在底片上成像，就可以看到組織切片中帶有特定 DNA/RNA 的位置。這種作法與使用抗原抗體結合成像的免疫組織化學法類似，但偵測的是核醣核酸，而不是蛋白質產物。

　　原位雜合法的作法頗為繁複：一來要先以基因工程的技術，利用大腸桿菌製造足量的 D_2 或 D_3 受體 cDNA 探針，並接上放射性元素；再來是將大鼠腦部做冷凍切片，使其與帶有放射性的探針培養一段時間，再與底片密合置於暗室中成像；最後則是沖洗底片，觀察結果。

經過幾次失敗的嘗試與摸索，我終於得出了正面的結果：在下視丘弓狀核的背內側區，也就是 TIDA 神經元所在位置，看到了一條黑色的顯影。理論上，我可以根據放射成像的密度來進行定量，但該顯影區域過於狹小，難以進行定量。所以原位雜合法只是證實了 TIDA 神經元上確實帶有 D_2/D_3 的自體受體 (autoreceptor)，但無法定量，也就沒法看出其數量在一天當中是否有所變化。

這項工作一直要到十幾年後，才由我先前的博士生梁淑鈴在她自己的實驗室，利用即時定量聚合酶連鎖反應 (real-time quantitative polymerase chain reaction, RT qPCR) 的方法，得出 D_2 受體的 mRNA 含量在腹內側下視丘（ventromedial hypothalamus，包括弓狀核在內）確實有午後升高的趨勢，與 TIDA 神經元活性的下降同步。

這一年的休假進修，讓我對當紅的分子生物學技術有了第一手的經驗，也讓我更明白方法只是解決問題的手段，想要解決什麼問題才是更重要的事。同時我也確認自己的興趣在於瞭解活體生理的機制，而非單純的分子運作。

第 *11* 章

校內外學術活動

任教陽明期間,除了與生理科所師生的互動頻繁外,還參與校內外許多學術活動,包括擔任好些校內委員會的委員、與其他院校生理科所的來往、參與中國生理學會與基礎神經科學學會的理事會及年會活動,連續擔任國科會生物處生理學組與動物學組的計畫審查委員多年,以及多次參加國際性會議等,都是寶貴的經驗,也有些值得一記的事,一併在此略述。

校內委員會

我先後擔任過校內十來個委員會的委員,包括教師評審、研究發展、校務發展、動物管理、圖書館管理,以及研究大樓管理等各式各樣的委員會。除了教評會有點主宰他人升遷的權限外,其餘委員會則多屬諮詢與服務性質。我當過研究發展與大樓管理兩個委員會的主委,比起一般只需出席開會的委員來,多了一些雜事:像研發會主委負責審核論文獎助的申請,按發表期刊評定為甲種或乙種獎助,再由校方發放一萬或七千元不等的獎助金。至於大樓管理方面,則是建立了停車及門禁管理辦法:前者是自用車多了以後必然

出現的問題，委員會只能從規劃停車位、宣導不亂停車著手，並沒有處罰的權限；後者一開始有人嫌麻煩，進大樓要帶門禁卡，等習以為常後，也就曉得其中好處，不再反對。

　　然而就算是負責新聘升等的教評會，通過與否採多數決，並沒有人擁有否決權；每位委員只能在討論時提出個人意見供大家參考。雖說教評會的開會內容不該外傳，但天底下沒有不透風的牆，有心人總是能打聽出會議細節，也導致一些委員不願意暢所欲言，以免得罪人。

　　由於升等是學術中人的大事，無論當事人或委員都慎重其事，不敢掉以輕心。然而總是有人心存僥倖，在還沒有準備周全之前就遞入申請，希望能闖關成功。先前提過，就算大家同屬一個學院，也有隔行隔山的問題存在；因此就算同單位的委員不認可，仍可能僥倖通過。我記得最清楚的一個例子，就是這樣：與申請人同單位的委員堅持反對意見，說申請人的論文輕薄短小，不夠紮實；但最終還是在多數決下通過了。

校外委員會

　　我在獲得傑出獎後一年，就受邀擔任國科會生理組的複審委員。這對學術中人來說是夢寐以求的事，因為這種委員會掌管了各學門下一年度研究計畫的生殺大權。這種工作以往都是由院士級的大老及資深教授擔任，只不過當時生理界大老們相繼退休，後繼乏人；

我雖剛升教授不久，卻是生理組年輕一代唯一的傑出獎得主。所以早在 1991 年就有幸進入這個圈子，並一路做到 2002 年我離臺赴美為止。中間還有幾年，我受到動物組召集人郭光雄（1941～，我大學時代的老師）之邀，擔任動物組的複審委員，負責動物生理方面的計畫審查。因此，我對於當年國內的生理學界有哪些人、學經歷如何、從事哪些研究，以及成果如何，都知之甚詳。

國科會的計畫申請原本是一年兩次，後來則改為一年一次。在申請截止後，國科會各組承辦員會把所有計畫的清單傳給每位複審（通常是五人上下），讓他們給每個計畫挑選兩名初審，然後由召集人決定最終初審名單，並將計畫書送交初審委員審查。等初審意見都收回後，召集人再按領域、單位（避開同單位的同事）及數量，將申請書平均分給每位複審委員，作為主審，並擇期召開複審會議。

開會當天，每件申請案都會逐一討論。通常大家會按主審的意見為依歸，但每位複審都可以提出不同看法，並各自打分。所有複審委員的給分總加起來，就成為最後排名的依據。至於通過率多少，則按該年的經費多寡，由國科會決定。還有就是每件計畫案的經費，也會按排名先後做調整，排在愈後面的，刪減的也會愈多。

當了複審，意味著自己的計畫申請將可順利通過，不至於遭到刁難。雖說在討論到複審自己的申請案時，當事人都要迴避；即便如此，多數複審都不會為難「自己人」，除了見面三分情外，所有複審的申請案也要通過同一批人的審查，所以彼此都會留些餘地。

一如校內的升等委員會，計畫複審會也關係到學術中人的前程，

所以備受矚目。雖然評審結果當事人遲早會知道，但對會議的內容保密，是做人的基本準則；不幸的是，不守規範的學術中人比比皆是：我在會中針對某位計畫申請人的發言（主要是說他的研究成果大都是掛名之作，個人成果有限）被傳了出去；而該申請人是生理學界某位大老的得意弟子，因此得罪了一幫人。雖然那對我的學術生涯影響不大，但自己因此吃了什麼暗虧也無從得知。

校外學術活動

臺灣的學術圈不算大，生理學門更是小，還不到百人，所以彼此大都認得。國內歷史最悠久的生理單位，要屬臺大及國防，早先國內幾乎所有生理學門中人，都能與其扯上關係。像我的老師萬家茂是臺大生理所碩士，師從彭明聰，所以雖然我沒在臺大生理所求學或工作過，但也算是彭的徒孫，與臺大生理有些淵源。

國內的生理學界先天不良，兩岸分治前已嶄露頭角的數十位生理學家裡，除了柳安昌 (1897～1971)、方懷時 (1914～2012) 兩位外，其餘都滯留中國（少數赴美），因此造成斷層；像國防就只有一位林可勝 (1897～1969) 的學生／助手柳安昌獨撐大局。至於臺大生理在臺灣光復、日籍教授相繼離臺後，也呈真空狀態。後從藥理與生化學科調來彭明聰與黃廷飛兩位，從江蘇醫學院延聘方懷時來臺，才算撐住局面。早些年，幾所私立醫學院的生理學科聊備一格，授課都靠臺大與國防的師資支援（週末整天上課是常事）；就連陽明成

立後的十年間，還會請國防與臺大的老師來客座講授部分生理課程，可見一斑。

然而臺大與國防生理的問題也不少，近親繁殖、按資排輩與大老當道是其中共同點，導致資源分配不均，容易成為一言堂，後輩也難以出頭。多年來，國內只有臺大與國防生理設有碩士班，但每年也只收個兩三名研究生，導致人才斷層嚴重。一直要到陽明 (1975)、成大 (1986) 以及長庚 (1987) 生理科所相繼成立後，國內生理學界才稍有規模。

我回國後短短幾個月內，就受邀在臺大、國防、成大、師大、長庚、高醫等校給過專題演講，認識了大多數國內同行；其中許多還是舊識，有師長、同窗、同門，以及留學時認得的朋友。之後加入中國生理學會、當選理事、參與年會與學會雜誌編務，以及擔任國科會複審等，對同行又有更全面的認識。

在我回國那年 (1986)，剛有生理與藥理學會舉辦聯合年會之舉，後來才有生化、臨床生化、毒物學等學會陸續加入。如今生物醫學聯合學術年會已舉辦過三十六屆，共有九個學會參加，成為國內規模最大的學術年會。除了有兩年因進修與年假出國外，我從第一屆到第十七屆都積極參與，發表口頭及壁報論文、並在第十一屆年會中，擔任生理學會的特別演講人，是難得的榮譽。

生理學分支甚廣，我的本行是神經內分泌學，因此與內分泌學及神經科學的關係更近。我在留學期間，就參加過美國神經科學學會與內分泌學會的年會，感受到赴外州開會，並與聞名已久的前輩

同行共聚一堂的興奮之情。神經科學在二十世紀後葉成為顯學，吸引不少學子入門，每年年會都有兩到三萬人參加；那種與數千同行同聚一堂聆聽大會演講的感覺，是千金難買的。回國後，我也持續此一傳統，幾乎每年都申請出國開會；同時我也鼓勵研究生參加，並幫忙籌些旅費。流風所及，國內神經科學學者參加者也愈來愈多，有上百人都加入了該學會的外國會員。

1992 年，國內也成立了基礎神經科學學會，我是發起會員之一，並擔任理事多年。神經科學是個整合性學門，除了生理外，還包括解剖、藥理、心理、行為科學、精神醫學、神經學以及分子生物等學門，因此認得更多同行。

我在陽明十七年，與國外同行也保持一定的聯繫，除了定期出國開會，與同行當面交流切磋外，其餘多屬書面交流，包括互相索取對方的論文抽印本及應期刊編輯邀請審稿等。同時，我還申請了兩次國科會的訪問學者補助計畫，邀請我博士論文的指導教授蓋勒及進修實驗室的老闆摩爾先後來臺訪問講學一週。

此外，我有幸於 1994 年參加了在上海舉辦的第一屆海峽兩岸神經科學會議，以及在東京舉辦的第二屆中日神經科學會議。1996 年又參加了於泰國舉辦的第一屆亞太神經科學學會聯會，都發表了大會演講，也結識了更多同行。

曾有網友在部落格問我，什麼是學術圈？我的回答是：在公私立大學任教以及研究機構任職，負有研究發表義務的人員所組成的圈子，就叫學術圈。任何由人組成的小圈子，都有排外性，學術圈

自不例外；因此，對學術研究有興趣的個人，如果不在大學或研究機構任職，是很難打入這個圈子的。再者，想要進學術圈還有門檻，取得高等學位是起碼的要求。早些年，有個博士學位就已足夠，如今則需要有博士後研究資歷及傲人的發表成果，才得以入門；所以說，學術圈是頗為「勢利」的。

學術中人最怕被人說自己沒學問，是冒牌貨 (imposter)；對自己誠實的學者大都會有這種焦慮，這也是激勵自身不斷進步的動力。想要受到學術界同儕的認可與尊重，除了出色的研究成果外，還有些別的看不見的東西，譬如誠信與創意。

學術中人講究所謂的「學術成就」(scholarship)，視為學術生涯第一要緊之事；至於何謂學術成就，不同人可能有不同定義。許多人一輩子待在學術界，也升到了學術階梯的頂端，但其學術成就卻未必得到多數同行認可；其中緣由，自然是與其研究內容有關：要麼是了無新意，多跟風之作，要麼是輕薄短小，不成系統；等而下之的，是浮誇造假之作。研究是追求真理的志業，因此誠實是第一要求；若是學術造假東窗事發，將身敗名裂，一輩子都難以在學術界立足。

走學術研究這一行需要有些才情天賦，能見人所未見，並書諸筆墨，否則事倍功半。但學術界也是社會縮影，各式各樣的人都有。我在學術界多年，見過太多其實不適合走學術研究這一行的人，辛苦多年，也得不到應有的回報，甚是可惜。還有的人志大才疏卻不自知，反而占據高位，結黨營私，給學術圈帶來更多事端與紛爭。後面這種人把政治帶入學術，對學術圈的危害更勝於前者。

第*12*章

我的教書生涯

老師的小孩

優秀的學者應該還是位好老師;老子說:「既以為人己愈有,既以與人己愈多」,不能對學生開放心胸、傾囊相授的學者,算不得好學者,自己的進步也會受限制。

我會走上教書這一行,同爸媽是老師不無關係。自有記憶起,我們家就一直住學校教職員宿舍,左鄰右舍都是老師,經常來家裡串門子的叔叔伯伯,也都是爸媽的同事。因此,從小我就看了許多形形色色的老師,對當老師的人也少了些神祕與敬畏感。不過由於天性使然,除了少數幾位真心喜歡的老師外,我並不會主動與他們接觸。

作為老師的小孩,確實享有一些好處,像是其他老師會對你客氣些,同學也一樣;我雖然不喜歡有特別待遇,但只要別人知道了我的身分,也就由不了自己。高中以後,我到外縣市求學,感覺就自由多了。再來,家裡的教科書絕對不缺,尤其是爸媽任教的初中博物、生理衛生與高中生物,各種版本都有;我在還沒上過那些課之前,就已翻了好幾遍。

　　此外，從小學起，我就學會幫爸媽改考卷；剛開始是選擇題，我一手拿著標準答案，一手拿著紅筆比對，看到有錯就畫上一槓。改完後，再算算畫了幾槓，寫上帶負號的數字。其實，改卷子是老師的天職，也是極為慎重的事，不容絲毫錯誤，也絕不容徇私；只不過當年一班學生都有五十名以上，一門課至少也有四、五班的考卷要改，分量不可謂不重，加上沒有電腦閱卷幫忙，實為辛苦的工作。我當時做的機械式工作，對錯分明，也同人工電腦差不多。

　　我只有在初一那年，與父親同在一校，之後父親就轉往他校任教。國人習慣感情不外露，我們家人尤其嚴重，在外頭碰到了最多看上一眼，當作陌生人一樣擦身而過。至於父親的辦公室，我更是從來不會主動前往。記憶裡只有一回不曉得什麼事被教官帶到辦公室，感覺上就像是被逮著的小偷一樣，低著頭走進去，深怕父親在裡頭看到我。到了兒子念中學時也同我當年一樣，非常在意父母親到他學校同他老師談話。有過切身經驗，我也能瞭解他的感覺並予尊重；但偶而威脅一句：「明天我到學校去問問你們老師。」還是蠻管用的。

　　說到學生家長跑到學校或家裡來找老師，通常不是好事：要麼是成績不及格即將留級，要麼是犯了校規面臨記過甚或開除。碰到這種事，我們小孩都得待在臥房裡，不准進客廳，但隔著一層紗門，還是聽得清清楚楚。任誰看過、聽過一回為人父母者低聲下氣為子女求情的身影神情，都會發誓絕對不會讓自己爸媽做這種事；這大概也算當老師小孩的額外收穫之一吧。

大學教師的養成

　　講起來，大學教師是極為特殊的一個行業，地位崇高，與一般中小學老師有很大不同。想要進大學任教，少不了要有個高等學位，此外還得有著作撐腰。然而，一般大學並不要求新進教師有什麼教學經驗，更不用說要修過什麼教育學分。所以大學教師重視的是專業成就，而非教學能力，因此也生出一些問題來。

　　社會上許多工作，靠的都是經驗，而經驗則多是從職場取得，與學校教育無關。沒有人敢說修了幾門教育學分的人，就會成為好老師。教師也同許多需要與人相處的行業一樣，培養同理心是相當重要的一項要求；尤其是在一向尊師重道的東方社會，老師與學生的地位絕對是不平等的。人在當學生時，常會數說老師的不是，等到自己當上老師，許多人就忘了學生時代受過的苦楚，光只想到要求學生，而不大站在學生的立場思考。許多不愉快的師生關係，也因此循環產生。

　　當然，老師的基本要求，是要能夠授業；學問再好，要是表現不出來，或是難以讓學生接受，也當不了好老師。我雖然沒有受過師範訓練，但之前當過助教的經驗，以及從大四起到碩士班畢業的三年間，以及在美修讀博士學位的五年間，每學期都有專題討論課，以及非正式的書報討論會，都是鍛鍊機會。專題或書報討論除了自己報告外，還有更多觀摩同學、老師及邀請講席報告的機會，可說是學術界的基本訓練。為了準備上臺報告，除了學習如何找資料、

閱讀論文以及整理出報告的內容外，還得學習製作圖文並茂的投影片，以及琢磨演講的技巧等，這些也都是當個好老師的基本要求。

除此之外，學術報告在進行當中及結束後，都有提問時間，回答臺下老師及同學提出的各種尖銳問題：從要求進一步解釋，到指出錯誤及缺點等，不一而足，可說是最直接且全面的「教學評鑑」。因此，專題討論一向是各個研究所的必修學分，絕對有其道理。以個人之見，只要參加某個研究所的專題討論課，看看該所師生的參與情形，也就能看出該所的師資以及訓練如何。提問的踴躍程度、發言的內容與態度，以及討論的深度與風度等，都是重要的指標。

國人有敬老尊賢的傳統，任何研究所裡如有大老級的資深教授，那麼該教授的氣度常能影響整個專題討論的風氣。若是堅持自己的權威不容挑戰，那麼自由開放的討論風氣，絕對建立不起來；到頭來，吃虧的還是學生，不但難以學到真正的學問之道，反而習得一身鄉愿。另外常見的情形是，同所的兩位教授針鋒相對、互別苗頭，要麼為批評而批評，要麼根本不說真心話；這些都是阻礙學術進步之瘤。

任教陽明醫學院

在陽明醫學院任教，學生包括大學部的醫學系、牙醫系、醫技系、物治系與護理系的學生，以及研究所碩博士班的研究生。醫學院的課程，多是好幾位老師輪番上陣，每人負責一個段落，上個三、

五堂課就走人，很少有一位老師從頭上到尾的。這種安排好壞參半：好處是每位老師可以就其專長發揮，學生也可從各個老師身上學習其精到之處；壞處則是師生相處時間短暫，教材內容也容易出現不連貫之處。對有研究壓力的大學教授而言，這當然是理想的安排，一學期只需要集中上幾星期的課，其餘時間就可專心於研究工作；至於其他學院的教師，就少了這種奢侈。

但也正是因為如此，我在陽明任教多年，除了頭幾年當過一班醫學系學生的導師外，與大學部學生的關係，就都只是幾堂課的短暫接觸。我完全記不住學生的名字，相信過不了多久，學生也會忘記曾經上過我的課；這當然是不讓人滿意的教學經驗。

唯一的例外，是在我任教的第二年，和另一位同事陳鏡如自告奮勇，向當時的科主任王錫崗提出要求，由我們兩人接下一整學期護理系生理學的教學工作。我當時是初生之犢不畏虎，覺得非如此顯不出多年苦讀的本事來。王是我的學長，不好意思說不，就勉強答應了。那門課每週上課三小時，一次上完，分量不可謂不重；我和陳選了本國外著名的入門教科書，以接力方式，一人負責一章，輪番上陣。

姑且不論當年我們青澀的教學成功與否，由一位或兩位老師負責整學期的課程，師生之間才可能彼此看得眼熟，甚至叫得出姓名來，也才可能有更多的互動；可惜，我和陳的實驗就僅此一次，而成絕響。

指導研究生

至於真正教過且熟識的學生，則是研究所的學生，尤其是自己指導過的研究生。我在陽明任教的十七年間，一共指導了二十三位碩士班研究生，八位博士班學生（其中有六位是先前的碩士生，其餘十七位碩士生裡，還有九位後來在美國、英國、法國、德國及國內其他實驗室取得博士學位）。在個人短暫的教學生涯中，能夠與這麼多學生有過思想的交流，並對他們未來的生涯提供些許助力，是個人最大的滿足。

我很少主動去挑學生，通常是學生表明意願後，我再做決定。而且我一年最多只收兩名碩士班學生，以免照顧不來。我不能說我的每位學生都是可造之才、都能吃這行飯，那是要學生自己去發現、去做決定的，別人無法代勞。我看過兩種帶學生的極端例子，一是不分賢愚，照單全收，一視同仁地指導；另一則是對學生諸多挑剔，總覺得現在的學生怎麼也比不上當年的自己。

我同意許多老師的說法，訓練學生最好讓他們及早認清現實及自己的興趣才能，不要浪費太多的時間與力氣在不見得能成功的追求上。但這種話過來人講起來輕鬆，對當事人則不見得容易，這一點我自己最清楚。因為一路走來，我也在不斷地問自己是否只能做個二流的科學家、教書匠？是否從事別的行業會更出色些？任何誠實面對自己的人，在成長過程中大概都有過這種疑惑，只不過要做出改變，並不是件容易的事。所謂將心比心，過來人只要多想想自

己在研究領域的入門及登堂入室不見得一帆風順，也經過許多摸索、挫折及心灰意冷的時刻，這樣對學生的表現及困擾可能會寬容些，也不至於一下就產生對立，形成水火不容的局面。

研究所階段的師生關係本就是亦師亦友，不那麼階級分明。學生在剛起步時固然需要老師的指點，等到進入情況後，則多半是學生自己實際操作、老師只負責決定實驗的大方向及後續工作的完成，兩者是相輔相成的。一方面，我對學生有完全的信任，放手讓他們去完成系列實驗；另一方面，我也以自己的經驗留意學生可能犯下的錯誤，因為一個實驗室新手是什麼地方都可能出錯的。

生理學屬於實驗科學，多以活體動物為實驗材料，因此，初入門的研究生一如古代投師習藝的學徒，得從頭開始學習各項技藝；好比說從洗燒杯、配溶液、清掃動物籠開始，到給動物動手術，取得動物組織標本，進行各種測定等，都需要在老手的帶領下，重複個好幾遍才上得了手。

除了上述技術性的訓練外，初入門的研究生還得瞭解實驗室的研究方向、學習閱讀原始文獻，以及設計新的實驗等更重要的事。一般而言，碩士班學生的論文題目都是由老師指定，非如此不可能在兩年內完成學業；到了博士班階段，才可能有些自己的想法。因此之故，我必須對研究生的人數有所限制，以免收進來以後，沒有足夠的空間讓每位學生都能進行實驗，以及自己也沒有充裕的時間指導每一位學生。

指導學生的自我要求

剛開始建立實驗室的頭幾年，我都是與研究生攜手並肩一起進行實驗；一直要到六年後博士班成立，有了得力的資深學生可以幫忙指導新進研究生後，才逐漸放手。然而有幾樣工作我絕不假手他人，一定親力親為：配製放射免疫測定及 HPLC 的標準試劑是其一，實驗的設計以及實驗結果的討論是其二，專題演講前聆聽學生預講是其三，修改學生論文是其四。這些都是相當花時間的工作，但也只有通過這樣的方式，才能確保實驗數據的準確性，老師才能真正瞭解每位學生的長短處，給予學生實質的指導。

我以為指導教授對研究生最大的幫助與影響，常不在實驗本身，而是在做研究的態度、看問題的方法，以及表達科學的方式上，提供學生學習的榜樣。實驗方法以及實驗本身的重要性，都會隨時間而消減，但研究精神與態度卻可長存，這才是老師留給學生最寶貴的資產。

傳達這種精神與態度的方式，就在於老師與學生間的來回討論交流。我在每位學生專題演講前，都要求先正式講一遍給我聽。學生預講時我不會從中打斷，但會記下所有有問題的地方，等講完後再一一指出。學生自己在演講過程中，也會發現漏洞及不足之處，並尋求改進。演講如同科學寫作一樣，要求合乎邏輯的鋪陳，所以如何安排投影片的內容與順序，是演講成功的關鍵；指導學生增刪改動投影片，以及如何切中表達圖表中的精髓，是我經常會做的事。

　　還有就是參加學術會議時的口頭報告，都有嚴格的時間限制，通常一個人只有十五分鐘，扣掉上下臺、主席介紹及保留給回答問題的時間，講者最多只有十二、三分鐘可用；如何在這麼短的時間內，把一系列實驗的前因後果清楚陳述，可是要下不少準備及練習的功夫。有經驗的人都知道，限時愈短的演講，愈是要費心準備，並正式計時試講，務求在規定時間內完成，否則就得增刪演講內容。個人教學生涯中最感到驕傲的時刻之一，是在某次全國生物醫學聯合年會中，我一連有三位學生上臺報告，每位都是在第一次計時鐘響後不久（還剩一分鐘），就從容結束報告，贏得滿堂掌聲，那可是實驗室訓練成果的最佳展現。

　　再來就是學生論文的修改工作，更是指導教授不可推卸的天職。有許多自然科學學門的老師不那麼看重碩士或博士生的畢業論文，認為那是學生作品，只有正式發表於期刊的論文才重要。甚至有許多博士生的畢業論文，就只是把幾篇已發表的論文拼湊起來交差；個人以為這種作法對學生的訓練來說，是有所不足的。

　　取得博士學位，不代表一個人什麼都懂，而是說在他／她專研的領域，應該比其他人都懂得多；要有這份自信，非得花上好幾年時間爬梳過往文獻不可。再來，論文必須要有新的發現或創見，否則就只是文獻回顧、而不是夠格的論文。雖說學位論文是學生自己學習成果的展示，但要是沒有有經驗的老師指導及把關，成果可能慘不忍睹：格式出錯（例如文獻的引用與列舉方式）是最常見、也是最容易改正的，其他像論證不嚴謹、行文無邏輯、文句不通、引

用失據，甚至沒有新意才是常見的大問題。要是教授自己在論文寫作上就不夠嚴謹，也不知如何把關，又怎麼可能教出合格的學生來？

　　每位老師帶學生的方式都受到個人經驗與個性影響，絕不會一模一樣。我傾向於在傳授學生基本的理論及技術操作後，留較大的空間讓其自行學習與發揮。我認為每個人的學習動機和方式都是不一樣的，到了研究所階段，應該讓學生自己去發現有哪些不會、哪裡不懂的，按自己的腳步去主動學習。有些人可能底子好些、學習速度快些，有些人則可能要花較多的時間，但那並不是最重要的；因為只要不半途而廢，終究每個人都可以學到該學的東西，達到一定的程度。

　　實驗做到某個階段，結果常不可預估，得到不同的結果就有不同的解釋；因此從多重角度重複一個顯著的發現絕對有其必要，學生也可藉此訓練技術，以臻成熟。若是有人不能得出前後一致的結果，則或許是動物、藥品或測定系統出了問題，但多半還是學生自己的毛病多一些；當老師的就得有耐心地要求學生多做幾次，讓他建立信心，以免半途而廢。

　　做研究這一行，永遠有接受不完的新觀念與新發現，我們記得住多少死知識並不重要，重點是要能活用，因為任何觀念都會不斷地修正。我們不能再把教科書或別人論文裡的說法當作金科玉律，而不敢根據自己的實驗結果提出新的假說。我希望我的學生能瞭解這點，掌握自己學習的步伐，知道自己的不足而主動學習；我則扮演鐘和鎚的角色，他扣我鳴，我敲他響，從中我也可知道什麼是他

在行的、什麼是他不會的，我也才曉得如何幫忙；當老師的也可以學到許多，是真正的教學相長。

由於我有十來年的時間都是單身在臺，因此學期當中有更多時間留在實驗室與學生相處。除了實驗工作外，也常有一起打球、散步及用餐的時間，益增師生感情。

論文寫作與發表

陽明生理所是我在職業生涯中待得最久的地方，也是獨立進行研究的唯一所在，彌足珍貴。當年我學成返國任職陽明才三十出頭，正是鬥志昂揚的年紀，一心想做出點成績來，為自己、為單位，也為國家爭點光采。當時也是國內研究起飛的年代，無論研究經費以及研究獎勵都有大幅增加，自己算是趕上了好時機，比我的老師輩幸運得多。

1980 年代之前的國內學術界，猶如經濟起飛前的臺灣社會，一切克難從簡；許多學術中人都不做什麼原創性研究，幾年才發表一篇論文的大有人在，很多還發表在自家學會或單位出版的本國期刊。當年想要在國際一流期刊發表論文，有如登天般困難。許多人以英文不好作為沒有發表的理由，但那大多只是藉口；沒有好的實驗設計以及實驗結果，才是主因。再來，許多人就算出國念了個博士學位，對於論文寫作的格式與內容卻沒有花功夫研究，以至於空有實驗結果，也不知如何寫成可發表的論文。

　　我很幸運，從博士論文起，就自行寫成了兩篇論文發表在一流的《內分泌學》期刊；之後在博士後研究期間，又以第一作者身分發表了四篇文章。我早期的論文寫作多是有樣學樣，並沒有完全掌握其中竅門；我自知有所不足，於是閱讀了一些講授論文寫作技巧的書籍，之後更在研究所開授一門「論文寫作與發表」課程，藉由教學相長，讓自己對論文寫作的種種，有更全面的認識。在第一次開課時，我還把上課講義一章一章地寫了出來，發給學生；最後並結集出版，成為我的第一本著作：《科學論文寫作與發表》（藝軒，1994）。

　　論文寫作實屬小道，有好的研究結果才是根本；但若不熟悉論文寫作之道，就算有再好的成果，也可能難以得見天日。所以好的研究者必須懂得基本的寫作之道，才可能出人頭地。

離開陽明

　　我在陽明的研究成果算是突出的，曾於 1990、1992 與 1995 年拿過三次的國科會傑出研究獎（每次為期兩年），並於 1997 與 2000 年拿過兩次的特約研究獎（每次為期三年）；這在同期的生理學界可說少有人及。但我一直家分兩地，雖然每年寒暑假都會赴美與家人團聚，卻還是錯過兩位女兒人生中許多重要時刻，讓人遺憾。1992 年，我與內子又意外得子，因此在兩位女兒相繼離家上大學後，家裡只剩內子與七歲幼兒。內子給我兩個選擇，要麼是我辭職返美，

要麼是她帶著兒子回臺。考慮再三，我決定結束在臺的學術生涯，
返美與家人團聚。

　　對任何人來說，要放棄既有的穩定工作，面對不確定的未來，
都不是件容易的事，更何況回臺十五年來，我在學術界已獲得可觀
成就，享有一定名聲，更是讓人難以說放就放。

　　促使我做出最後決定的有好幾個因素：首先當然是為了家庭和
孩子，為了補償我十多年來的缺席與愧欠；其次是為了圓另一個寫
作與翻譯的夢，想做點不一樣的事；再來則是對國內的學術界有些
灰心，想想離開也好；最後則是覺得自己想做、能做的研究已經做
得差不多了，與其撐到退休年紀，不如急流勇退。

　　猶記得初入研究之門時，覺得做研究是天底下最重要且最值得
做的事，便一頭鑽了進去。等到學成歸國在大學任職，自己獨當一
面建立實驗室時，更覺得拿著納稅人的錢做自己喜歡的工作，是世
上最幸福的事。接下來研究有所成果，並取得升遷與獲獎的榮譽時，
自己也不免有些自滿，認為那是個人努力的回報，理所應當。再後
來看多了學術界人與事的百態，加上自己也捲入一些紛爭，不免對
學術界感到有些失望。

　　事後來看，這種心態改變是很正常的，也就是從「見山是山」、
到「不是山」的過程，終究還是會回到「是山」的結果，只不過對
「山」的認識產生了變化。研究還是研究，是人類特有的一項活動，
也是人類社會進步之源；但研究不一定就比其他活動高尚，因為只
要是人的活動，就免不了爭強奪勝、勾心鬥角，甚至弄虛造假。從

事研究工作者必須要誠實面對自己，是否仍懷有研究的熱忱以及創新的能力，而不只是為做而做、一味地重複。

在做了離開的決定之後，我又多待了兩年多，把最後一批學生送畢業了，才於 2002 年 9 月離臺赴美。雖然如此，我對自己的學生還是感到抱歉，因為對繼續從事學術工作的一些學生來說，他們就少了老師的照拂，成了學術界的孤兒。我曾經寫過一篇文章〈師徒〉，紀念最早領我入門的萬家茂老師。萬老師在我拿博士學位那年就因心臟病過世了，年方五十。因此，我也是過來人，曉得自立自強的重要性。過了二十多年回頭再看，我的學生在各個崗位上都做得不錯，我也稍微安心些。

美國教書經驗

上課與演講一樣，都是一人在臺上唱獨角戲，連唱一到三個小時不等，這可不是每個人都願意做或做得好的事；且不說唱作俱佳的要求，口齒清晰、邏輯清楚、前後一貫是好老師基本的要求。與許多課堂上逸趣橫飛的名師相比，我只能力求教材深入淺出，安排得宜，並講解清楚，而不強求有違自身個性的表演。

以母語上課是一回事，以外語上課又是另一回事。我在美國念研究所時，幾回口試報告，都會先寫好講稿，練習個好幾遍才敢上臺。取得學位後，我一心只想回國任教，其中固然有些使命感作祟，想培養自己的子弟；但不可諱言，我不認為自己會喜歡成天以英文

與人溝通,是另一個潛在因素。沒想到近二十年後,我還是回到了美國,誤起洋人子弟來!

我離職返美後,一開始自覺曾經滄海難為水,並無意重返學界,而以翻譯寫作為日常主要工作。後來先是應朋友之邀,在母校韋大醫工所開一門生理學的課,給沒有多少生物背景的工程學子講授生理學的入門知識。那是十多年來,自己頭一回從頭到尾負責一門生理學的課程講授;那是個挑戰,但也讓自己重拾教學的熱忱與信心。

接著,我向另一所離家不遠的奧克蘭大學 (Oakland University) 毛遂自薦,也獲得聘約,講授一門護理系的先修課:臨床解剖與生理學;除了自己熟悉的生理學之外,還又複習了解剖學的知識。幾年下來,我在新學校陸續開了一門生理學的課,以及一門給麻醉護理師碩士班講授的病理生理學,把自己的觸角又伸入病理學的範疇。這些課程都由我一人擔綱,從頭負責到尾;至此,我終於可以說自己是個名副其實的「教書匠」了。

在美國大學教書,與國內相比,其實並無太大不同,許多地方還來得更為方便;像我任教大學的課堂視聽設備、電腦輔助教學軟體,以及系上祕書支援等,都勝過陽明許多。所有註冊學生的資料,一開學任課老師就可在學校網站上看到;所有上課的內容以及公告事項,也都有專門的軟體平臺可以上傳,讓註冊學生自行閱讀及下載,省去許多印發講義的力氣。

至於實際的上課,也有不同的趣味。美國學生對待老師雖不像國內學生那樣維持表面的恭敬,但基本上仍是尊重的,對於好老師

也不吝稱讚。我從來就不是喜歡擺架子的老師，也常提醒自己這點，因此對於美國師生平等相待的關係，也很習慣，甚至還更喜歡。在國內升學掛帥的教育制度下，許多大學生已經被制約得過於犬儒（cynical），喪失了某種純真，對老師也少了些信賴，是為美中不足。

教學帶給老師最大的滿足，不外乎有批好學且受教的學生，這樣上起課來，才會讓老師願意傾囊相授。美國大學學費相當昂貴，因此之故，學生一般更看重學習的機會，碰上好老師也懂得珍惜，不忘時時給老師一些愛的鼓勵。當然，我也碰過一些特別愛找碴的學生，但只要老師真有兩把刷子，一切秉公辦理，學生還是不至於太過分的。

在美國教書，師生間的緊張關係多來自考試與成績。古今中外，幾乎沒有人不怕考試，尤其是臨到考試前夕，更是緊張萬分，深怕自己準備不完，或是老師出了自己不會及沒有記住的問題。考試的結果決定了成績，成績不好，輕則重修，重則退學；就算低空閃過及格邊緣，畢業後有好些年，求職深造也都會受到在學成績的影響。我的美國學生裡一怕成績不及格，得再花大錢重修，再怕成績不佳，進不了護理系、醫學系或其他醫事學系，因此對考試成績的看重，比起國內學生來，更勝一籌。

當老師最威風的一點，大概就是手裡掌握著學生成績的生殺大權了；但我認為，那也是所有老師最需戒慎恐懼之處。多數人都碰過兩種老師，一種是對成績摳得不得了，沒被他當掉就可以偷笑；另一類則是成績甜得很，不論學生表現好壞，一律從九十分給起。

前者讓學生痛恨，後者也不讓真正用功的好學生滿意，都算不上稱職的好老師。

　　愈有教學經驗的老師，愈會發現評鑑學生學習成果之不易。一次考試下來，若是全班平均在九十分以上，那麼不是老師教得太好，該班學生都太用功，就是題目太過簡單（通常是後者）。要是全班平均在七十分以下，那麼不是題目太難，就是學生沒聽懂老師的教學，或都太偷懶（通常是前二者）。我的經驗是，國內的老師對學生的要求會多一些，對自己的要求則少一點；學生考試成績不佳，多認為是學生用功不足，較少想到自己的教學或出題上，可能也有問題。

　　大學老師出考題，通常是憑個人經驗，有樣學樣，很少受過專業訓練；如果嚴格檢驗起來，有不少考題可能有不只一個答案，或是在措詞上誤導學生，甚至答案不盡合理。只不過國內學子習於逆來順受，對老師提供的標準答案，大多全盤接受，不予質疑。再來國內大學考試，考完後試卷常由老師收回，學生也無由質疑起。

　　我在陽明當過四年的科主任，實際負責開給大學部的各種生理學課程。我從每次考試的學生答題分析裡，可以看出哪些老師出的題目太簡單，哪些又太刁鑽；對於有一半以上學生都答錯的題目，我會特別挑出來看看題目是否合理。我認為，任何考試的題目難易度分配應該要平均，這樣才可能讓用功的好學生出頭，也不至於讓一般程度的學生都拿赤字。就算要調整全班學生成績，題目本身的合理與否，也是根據之一。

　　國內由於升學競爭激烈，考試不斷，許多人（包括老師和學生）都忘了考試只是評量學習的手段，而非目的。要是學生普遍都考不好，對老師而言並不是好消息，反而是教學及學習成效不佳的指標，老師得心生警惕才是。我在美國任教的頭幾學期，常高估學生程度，出了過難的題目，導致大部分學生都不及格；於是我毅然決定讓學生重考一次，讓他們就同樣的內容再準備一遍。果不其然，多數學生的重考成績都有顯著提升，代表他們再次學習的成效；如此一來，學生高興，做老師的我也感到滿足。

　　再來，每次考試後我都發還試卷，並公布答案，讓學生曉得自己錯在哪裡，以及犯錯的原因，避免下回再犯。從錯誤中學習，也是考試的效益之一，所謂「亡羊補牢，未為遲也」。國內老師之所以不願意發還試卷，是因為不想助長考古題的流行。但道高一尺，魔高一丈，考古題在國內從來也禁絕不了。個人以為學習與考試的重點是不會每年改變的，每次出題時，老師只要花點時間與精神，變換一下問題的方式及答案，就算學生有考古題，也還得花點腦筋想想，而不只是背背答案就得高分；這麼一來，考古題的存在也就不用太過擔心。（美國某些大學科系，歷年的考題都擺在圖書館裡讓學生借閱，當作模擬測驗，這可是真正的考古題大公開了。）

結語

　　好為人師似乎是人的天性，師道在我國也有悠久的傳統，比起古今中外眾多名師來，個人經驗其實微不足道；但我從小就在校園的環境成長、學習，最後並在學校裡工作數十年，只能說是非常幸運。我以為師生關係一如父母與子女一般，可以是絕對純潔與無私的；甚至師生間純知性的心靈交流，有時還更單純且讓人愉快，這也是讓我教了近三十年書，還樂此不疲的最大原因吧。

第 *13* 章

我的翻譯寫作之路

　　大學教授上課之餘，做研究、寫論文是正事，少有人願意花時間在翻譯的工作上。其中原因很簡單：翻譯投入的時間、精力甚鉅，但實質報償甚微，通常也不為同行認可，更不視為研究成績。因此，對教授來說，翻譯屬於投資報酬率極低之工作，除非有極大興趣者，始願意一試。

　　我的翻譯生涯開始得很早。大一放暑假前，耕莘文教院的王敬弘神父找上我，說他接下了一整套《新約導讀叢書》的翻譯工作，想讓我翻譯其中一本。我對英文一向深感興趣，也花了許多課餘時間學習，所以有機會練筆，自然不願放棄，就答應下來（當然也為了有筆譯稿費可拿）。我分到的一本是《保祿書信導論附得撒洛尼前後書》，只有薄薄一本約百頁篇幅。我花了整整一個暑假以及寒假才完稿，而這本小書直到我大四畢業前才由「光啟出版社」出版；我收到一本贈書，保留至今。如今偶而翻閱，除了有不少贅詞外，還算蠻通順的。後來研究所畢業到出國前，我留校當助教，也找過幾篇美國科學雜誌文章，自行譯了投至《科學月刊》及《自然雜誌》刊登。因此「從小看大」，多年後我會再度提筆翻譯，其來有自。

出國修讀博士期間，免費寄贈的《中央日報》海外版是極少數能讀到的中文報刊；我曾手癢寫過四篇文章投稿中副，都蒙刊出，讓人高興不已。其中兩篇談的都是翻譯之事，一篇談美國的教育，另一篇則是談自己回國前的心情。父親讀了以後，雖然也為我高興，但說了句：「中副就是喜歡刊登你們這些留學生的文章。」

學成返國任教後，我一頭栽入學術界的象牙塔裡，長達十多年的時間專注於教學、研究、發表，以及與學術有關的活動，幾乎不問世事。我偶爾會投書報章，大多數仍與學術界的新聞報導有關，無涉政治民生。1996 年我卸下主管職務，無事一身輕，加上教授升了多年，教學研究已上軌道，感覺輕鬆許多，投書報章的頻率高了些，題材雜了些，同時也重拾翻譯的工作。

本行教科書翻譯

「科學中文化」在學術界一向是個爭議。多數學術中人認為科學無國界，無論要吸收國外新知或是發表自己研究所得，都得使用全球通用的文字：英文。因此他們主張教科書直接使用外國原版，不必費力氣變成中文。多少年來，國內大學生手捧厚厚的原文書行走校園，成為樣板；至於讀了沒有，讀懂多少，反而沒多少人在意。

個人於 1986 年回國任教，一開始當然開口閉口都是洋文，教科書也都採用原文書。但我還算有點自覺，曉得講話裡中英夾雜常是惹人厭的，因此盡量要求自己非不得已，口語裡不用英文。這一點

要求在日常生活上，不難辦到，但在上課時，就困難許多；因為很多專有名詞的中文，我不見得知道，尤其是用中文寫計畫或報告時，更是捉襟見肘。然而隨著回國愈久，這樣的窘況也日益改善。我發現絕大多數常用的專有名詞，都有約定俗成的譯名；自己專業領域裡較少人使用的一些名詞，我也自行翻譯過一些。其實許多專有名詞的原文，常出自拉丁文或希臘文，為了要找個貼切的中文譯名，首先就得弄清楚原文是什麼意思；這樣一來，對於該字詞所代表的意思，也會有更深入的瞭解。

　　回國任教多年之後，愈來愈覺得純粹靠課堂上的講授，以及要學生回去讀原文書，似乎不能完全達到授業解惑之目的，學生也很難建立起完整全面的知識架構。甚至在同行間，偶而也會發現彼此對同一科學事實的瞭解有所差異；那顯示彼此對原文所傳遞的訊息，理解上產生落差。凡此種種，讓我感覺我們應該要有一套完整的中文大專教科書，對於各個學門最基本、最重要的事實、發現及理論，定下大家都接受的中文講法。這樣彼此討論起來，才有共同的依歸，而非各說各話。有信得過的中文教科書，對於其他領域的學者需要參考應用時，也較容易入門，學術研究才能往廣度與深度伸展。

　　然而撰寫中文教科書是吃力不討好的工作，既無助於升等，也賺不了錢，所以聰明人都不會幹這種傻事。翻譯國外有口碑的教科書相對簡單一些，所以成為我的首選。我選中的教科書是由密西根大學生理學教授凡德 (Arthur J. Vander) 與同事編撰的 《Vander's 人體生理學》 (*Vander's Human Physiology*)。 該書自 1970 年出版至

今，就以觀念清晰、文字平易，以及圖表引人，成為廣受歡迎的生理學教科書。1998 年，我接受合記出版社委託，針對該書第 7 版進行全文翻譯；為此，我還找了三位同事及幾位研究生幫忙。之後第 9 版、第 12 版與第 14 版的增補改譯工作就都由我獨立完成，分別於 2005、2013 及 2017 年出版。該書超過一百萬字，每改版一次，我都對照原文一字一句進行，做出大大小小的增添刪減或改譯，不敢稍有疏忽，也算是為本行學問的普及化，盡了一點心意。

2022 年，我又接到該書第 16 版的改譯邀約。我想自己年歲已長，這份工作不知還能再做幾回，於是寫信邀請先前指導過的碩博士生共襄盛舉；結果有十五位響應，其中許多還是第一線任教並使用該書的老師。想到這份工作在我做不動以後還能有學生繼續傳承下去，不免讓人欣慰。

科普書翻譯

至於我會翻譯所謂的科普書，一半是見獵心喜，一半是盛情難卻。三十多年前，國內開始流行出版這類書籍，算是在刻板的教科書外，給讀者開了一扇新的窗子。一開始，國內出版社對翻譯科學書籍的經驗不足，常只注重把書包裝得漂漂亮亮的，而忽略了科學書籍最重要的要求：正確性；通常把書隨手一翻，就可發現誤譯連連，因此引來一些學界的批評。

　　1996 年中，有位剛畢業的碩士班學生朱業修，準備出國進修，閒著無事，便請我推薦本書讓他試譯。正好前一年我從國外帶了本書回來，書名是《與天才為徒》(*Apprentice to Genius*)，講的是美國藥理學界一門師徒四代恩怨的故事，相當精采。於是我先譯了楔子及第一章，做個範例，讓業修從第二章譯起，我則從最後一章倒著來。結果業修譯了五章，其餘十章都由我完成。同時，他的譯文也經我逐字修訂，以確保正確無誤。

　　翻譯該本書可說是自娛娛人，我沒考慮版權及出版的問題，就先動手譯了。同時，我每譯好一章，都有實驗室的學生拿去先睹為快。全書譯畢後，我還自行打印了幾份，請幾位同事好友試閱；等收集寶貴意見之後，又再重頭訂正一回，才送給出版社，算起來是我最慎重的一本譯書。幸好當時科普書的版權競爭還沒有太過激烈，所以與出版社洽談以及取得授權，都還順利；之後，我對國內的出版業多了一些瞭解，就再也不敢「先斬後奏」了。

　　不過，我的第一本科普譯書的成果卻不盡如人意（出版社把書名改成《天才的學徒》）。從未和國內出版社編輯打過交道的我，過於相信編輯的語言功力，因此沒有要求在出版前看過一遍編輯稿。結果書出版後，我發現原稿被責任編輯做了許多改動；有些更改無可厚非，但有許多誤解了原意，而把對的改成錯的。我打了整整三頁的勘誤表給編輯，他們在二刷時也改正了一些，但還是不如理想。之後我的每本譯書就一定要求看編輯稿，確定編輯的更動沒有改錯，這可是痛苦的教訓。

投入科普書的翻譯，對個人的教學工作只有助益，並無不良影響，因為授課時多了許多有趣的科學軼事可講。至於研究工作，則難免受到影響，主要是花在閱讀最新期刊論文以及寫論文的時間少了許多。套一句耶穌的話：「一個人不能事奉兩個主人。」遲早，我必須在研究與翻譯之間做一取捨，不可能自欺欺人，以為自己既可以做個專業譯者，又可以做出一流的研究。

如前所述，以國內翻譯的價碼以及譯者不受重視的情形，願意持續投入的大學教授確實不多　（尤其是有點知識門檻的科普書翻譯）；因此我不時會接到翻譯的邀約，經常也必須拒絕，免得負擔太重。饒是如此，從 1998 到 2002 年，我就完成了七本譯作。

2002 年，我從陽明大學辭職返回美國家中，就下定決心，不再重拾研究工作，而以寫作、翻譯及兼課為主，也因此我一路接下了許多翻譯的邀約，至今已完成二十四本譯作，其中有兩本還在大陸出版了簡體字版（參見附錄）。我翻譯的書裡，只有少數幾本是我自己挑的，包括第一本《天才的學徒》，以及《幹嘛要抽菸？》、《為什麼斑馬不會得胃潰瘍？》與《睡眠的迷人世界》等幾本，其餘都是應出版社編輯之邀而接下的。雖然不能說每本都是精品，但翻譯是精讀一本書的最佳途徑，我自己從每本譯書都獲得許多之前不知道的知識與常識，可說獲益匪淺。

我翻譯的眾多書籍裡，唯一算不上科普書的是英國生化學家／漢學家李約瑟 (1900～1995) 的傳記：《愛上中國的人》。這本書原先並不是找我翻譯，而是先前的譯者上演失蹤記，編輯才找上我。李

約瑟的一生多采多姿，大多與中國有關，書中對中國事物、典籍以及人物（包括古代與現代）的引用提及，俯拾皆是；對譯者來說，正確的還原是個重大考驗，從中我也學到許多，是具有挑戰且有趣的翻譯經驗。

審訂翻譯

除了一字一句全由自己翻譯外，我還接下了不少所謂「審訂」的工作，名義上是幫忙出版社做專業的審查。我曾經寫過一篇文章：〈自然科學書籍的翻譯〉，裡頭談到「審訂者」面臨的困境：「審訂者究竟看的只是專業的內容翻譯有無錯誤，還是要兼顧翻譯的文字是否達意？文意如有錯誤，固然要改，含意無誤但文字欠通，要不要改？審訂者若只是讀讀譯文，大致無誤就放它過去，那麼譯者對原文理解錯誤之處，就不一定抓得出來；若是要一字一句對著原文看，那審訂者豈不是在做專業編輯的工作？甚至重譯？」

到目前為止，我掛名審訂的書籍共有十三本：其中除了兩本無原文可對外，其餘每本我都從頭到尾對照英文原文看過一遍，盡量不放過我看到的錯誤，同時也對譯文做了適度的修正，以求對得起「審訂」的頭銜。只不過我愈來愈不願意接這種費力不討好、且投資報酬不成比例的工作。

《科學人》翻譯

除了科學書籍的翻譯，我還參與了一本科學雜誌的誕生，那就是將美國已有一百七十多年歷史的 《科學美國人》 (*Scientific American*) 在臺發行中文版。其實國內早在五十多年前創刊的 《科學月刊》就是師法《科學美國人》；同時，早期《科月》幾乎每期都有翻譯或改寫該雜誌的文章，只不過沒有取得授權，等於盜譯。後來國內重視智慧財產權及版權法後，《科月》就不再那麼做了。我從當研究生起，就定期閱讀《科學美國人》當中有關生物醫學的文章，後來又一路訂閱了幾十年，也曾動心將其引介國內出版，但一直沒有行動。

2000 年底，有位中研院的博士後研究員陳企寧（後來任教東華大學物理系）找上臺大物理系的高涌泉，提出推動出版《科學美國人》中文版的計畫。當時，高涌泉、王道還和我三人正在《中央日報》副刊合寫「書海六品」專欄，於是我們三人便與陳企寧一起著手找尋願意合作的國內出版社。除了我們幾位外，大家又各自找了一些有心推動科普譯介的學界人士，組成編譯小組，向有意願投資的金主表明我們將以實際行動參與雜誌的編譯工作，以維持雜誌的品質。

幸運的是，我們前往拜訪的第一家出版社老闆，遠流的王榮文先生，就對這項提議甚感興趣。我們前後碰面討論了好幾回，王先

生也從其他朋友處得到肯定的答覆，於是決定洽購版權。雖然版權取得順利，但其間發生亞洲金融風暴，國內經濟低迷，《科學美國人》的中文版《科學人》拖了好一陣子，終於在 2002 年 1 月發行試刊號，而於同年 3 月正式創刊，到 2023 年已屆滿二十一年了。

　　《科學人》自創刊起，就標榜由大學教授親自翻譯，保證譯文的正確性，我們幾位編譯委員也確實持續支持至今；但我們的心願還不只如此，更希望文字在通順之餘，還能有些品味，這一點就不一定都能做到。我自己從試刊號起就參與翻譯，二十多年來每一期都有我的譯作，算是元老譯者；此外，除了正文，我先後接下了四個專欄的翻譯：「SA 檔案室」、「真真假假」、「科學用於社會」以及「科學佐以詩文」，有以致之。其中尤以「真真假假」為時最長，從 2007 年 1 月起到 2019 年 2 月止，共一百四十六期；而目前負責的「科學佐以詩文」則最具挑戰性，因為以科學為主題的詩歌創作還是有許多文學講究，深怕自己譯得不夠道地。

　　翻譯雜誌文章在本質上與譯書並無不同，但雜誌具有時效性，準時交稿的壓力要大得多；同時，編輯上也更形嚴謹，每篇文章都有不只一位編輯看過，因此，譯文的來回修改過程也更頻繁。拜現代網路之賜，稿件的來回傳送只在彈指之間，譯者也等於是要隨時待命，及時回覆。少了這層認識的譯者，大概就不適合雜誌的翻譯工作。

專欄與部落格寫作

2000 年 10 月，我更接下報章專欄的寫作工作，定期將自己的經驗、想法與讀書心得書諸筆墨，給一般大眾閱讀。我最早是在《中央日報》的「書海六品」專欄，與王道還、高涌泉兩位以接力的方式每隔三週寫一篇稿子，連續寫了四年。接著我在中副又獨自開了「生理人生」專欄，每隔一週見報一次；不過該專欄寫了一年七個月，就因《中央日報》於 2006 年停刊而告終。接著，我在《聯合報》副刊寫過一年的「生之理」專欄，以及在《中國時報》寫了近三年的「觀念平臺」專欄。因此，寫作與翻譯成了我的另一項專職，並在 2002 年辭職返美後，成為我的主要工作。

與道還結緣，始於譯書。當年道還關心科普譯書，常為文批評各家翻譯，樹敵不少。我的第一本科普譯書《天才的學徒》出版後，道還為文稱讚，說是該年最佳科普譯書，讓我受寵若驚。後來，道還親自來陽明找我，我倆一見如故，自此結成好友。道還博覽群書，對演化、生命科學、神經科學、人類學、科普及翻譯都有獨到的見解，是多聞的益友。至於涌泉也是經道還介紹才認識的；我們三人專長各異，但都喜歡讀閒書、寫雜文，因此結成文友，聯手寫了四年專欄，並先後在三民書局出版專欄結集，同時又促成了《科學人》的誕生，可謂難得的緣分。

除了專欄外，我還以「生理人生」為名，先後在「遠流圖文閱讀網」、「中時部落格」及「聯合新聞網」開過三個部落格。頭一個

只開了一年，就因人煙稀少而轉到中時。我在中時的部落格從 2007
年 10 月開格，直到 2014 年 7 月關閉，共六年九個月，發表了 384
篇文章，有 230 萬瀏覽人次，4314 篇迴響；以科學為主題的網站來
說，這個成績算是成功的。當時正好趕上中時部落格人氣最旺的時
刻，有許多名家固定貼文，讀者的回應討論都算踴躍。到了後期，
由於管理不善，小廣告橫行，許多格主都意興闌珊，不再貼文，中
時部落格也由盛而衰，如今早已成明日黃花，令人唏噓。

　　二十多年來持續的寫作，我一共發表了四本著作，其中兩本《科
學讀書人》(2003) 與《生活無處不科學》(2005) 是專欄結集，另外
兩本 《為什麼腸胃不會把自己給消化了？ 揭開人體生理的奧祕》
(2015) 與《發現人體：生理學簡史》(2017) 則是以我的本行生理學
做有系統的創作。

◆ 我的第一本科普寫作結集
　《科學讀書人》（2020 年
　新版封面）

　　《揭開人體生理的奧祕》是應貓頭鷹出版社陳穎青邀約下的產
品，原本是想以問答方式呈現，為此我還在中時部落格徵求問題。

等到真正動筆時，我發現問答雖然有趣，但未能呈現人體生理運作的整體面貌，故此我又加上了對每個人體系統的簡短介紹，可說是生理學教科書的通俗版。

至於《生理學簡史》一書是我自己動念寫的；我對生理學的發展史一向深感興趣，但一直沒有機會深入鑽研。在寫完《揭開人體生理的奧祕》後，我才下定決心把現今生理學的重大發現過程及人物給爬梳一遍，算是了卻自己多年來的心願，也是個人較為滿意的作品。該書榮獲吳大猷科普創作銀籤獎，算是對自己努力的肯定。後兩本書還於 2021 年在大陸出版了簡體字版：《身體的奧祕：你應該知道的生理學常識》與《身體簡史：生理學的發現之旅》（南京譯林出版社）。

感想與前瞻

《論語・子張篇》中子夏說過：「雖小道，必有可觀者焉。」翻譯的學問可大可小，絕不是隨便就能做好的事。我一開始提到，學術中人並不重視翻譯，因為一般人認為翻譯不屬於原創作品，因此不能用來當作升等及獎助的成果。早些年，我也同意那樣的說法，並不鼓勵年輕一輩放下研究，從事翻譯的工作，但近年來，我有些不一樣的想法。

各門學問發展至今，都有一些經典之作，國內學者也動不動喜歡引用本行大師的說法；只不過各說各話、引用失據的，大有人在，

不免讓我懷疑，國內學者是否都讀通了本行的經典。一如寫作是整理及表達心中思想的不二管道，將國外原文著作譯成本國文字，也是檢驗一個人對於外文著作是否真正瞭解的法門。一般人可以「讀書難字過」，做學問的人就不能不求甚解、馬虎從事；再者，翻譯本行經典，對往後學子可是功德一件。因此，我曾戲言，國內大學教授升等除了要有原創著作外，還得附上一本譯作，如此也才看得出一些真正的功力。

從翻譯第一本書算起，我的譯齡已超過四十五年時光，若從真正投入譯事算起，也有二十來年。我經常會為了一段話、一個句子，甚至一個字詞的翻譯，沉吟許久，總想找個貼切的譯文，卻不一定如願，常只能做到「不滿意，但可以接受」的地步。

翻譯是為人作嫁，成品算不得親生的孩子，最多只算領養的；只有創作才是自己的結晶。不過羅馬非一天造成，寫作是需要時間磨練的。物理學家費曼 (Richard Phillips Feynman, 1918～1988) 當初選擇在大學任教，而不去純研究機構任職，他的說辭是：「哪天我想不出新點子了，我還可以說，我在教書啊！」與創作相比，大概翻譯也可以作如是觀。

以國內的圖書市場而言，翻譯與寫作的投資報酬比極低，科普類書籍更是難得暢銷，因此，譯者與作家可說是難以餬口的工作，只能靠興趣支撐（按道還的講法是「做功德」）。不過二十多年來，我的譯著也取得過一些獎項，像是開卷年度好書、吳大猷科普獎、中小學生優良讀物等，給人帶來些許安慰與前行的動力。

第 *14* 章

感想與感謝

　　人之一生，從呱呱落地到垂垂老去，約七、八十年光景。有人是宿命論者，認為人生大小事皆有命定，藉此為自己的成功或失敗尋求說辭。我以為人之一生有命定，但變數更多，像是人無從選擇自己的出身，更無從改變他成長的環境。與生俱來的才情與個性，加上成長環境的陶鑄，逐漸形成人的性格，導致這個人遇事會做出什麼樣的決定。再者，一個人出生的時代、成長道路上碰到的人與事，也都不在他的控制之內。因此，人生有幸與不幸之別；有些人的困境可以靠個人的努力克服，有些人則難以辦到，只好認命。

　　我認為自己算是幸運的，生長於戰後承平年代，父母又給了我不錯的腦子，讓我在求學的道路上一路順遂，取得了高等學位，並從事自己喜歡的工作：在大學任教及做研究。我也很幸運在年輕時就找到理想的另一半，督促並支持我在學術的道路上前進，甚至放我一人在臺工作十七年，讓我心無旁騖，在學術研究工作上做出點成績，完成一份理想。之後內子又讓我無後顧之憂，得以長時間專心伏案於電腦前，圓另一個寫作與翻譯的夢。我這一生如果還有點成就，大半的功勞要歸諸於有個賢內助。

　　這一生要感謝的人還有很多，除了家人外，就是許多曾經教過

我、給過我指引與幫助的老師。這些人在本書中都出現過，在此我把其中對我影響及幫助最大的幾位再提一遍，他們是蘇森墉、萬家茂、黃仲嘉與蓋勒等幾位；如今這四位都已不在人世，我也只能將思念埋藏心中。

最後還要感謝願意幫我出這本書的三民書局。我與三民書局結緣，始於在中副撰寫專欄，經當時中副主編林黛嫚引薦，由三民書局出版了兩本我的專欄結集：《科學讀書人》與《生活無處不科學》。2005 年返臺，我與劉振強前董事長有過一餐之緣。席間劉董事長邀請我為青少年叢書《世紀人物 100》撰寫蒸汽機開創者瓦特的傳記。我以專長不同為由婉拒，劉董事長則堅持邀請，讓我難以拒絕。

返美後，我在兼課、翻譯以及寫作之餘，花了半年時間收集資料，接著又花了半年時間撰寫完成，總算不負所託。《黑手工程師瓦特》一書於 2008 年 1 月出版，是該系列叢書的第六十二本。近來我上網發現，該系列叢書於 2019 年由大陸人民文學出版社出版簡體字版，我的那本給改名為：《瓦特：偉大的工程師》。

該次聚餐還聽聞劉董事長談及他不惜斥巨資建立中文字庫、並鑄造上萬字模的壯舉，深受感動；餐後他更帶我們一行參觀位於三民文化大樓（現三民復北店）的編輯部以及收藏豐富的圖書資料室。三民書局成立於 1953 年，正好與我同歲；七十年來三民書局屹立不搖，劉董事長的經營有道，居功厥偉。如今劉董事長已駕鶴西歸，僅在此紀念並感謝他。

期刊／書籍回顧論文

◉ Gala, R. R., Pan, J. T.: Brain regions involved in the estrogen-induced afternoon prolactin surge in the female rat. In: *Prolactin Gene Family and Its Receptors: Molecular Biology to Clinical Problems*. Proceedings of the Fifth International Congress on Prolactin. K Hoshino (ed), Excerpta Medica, Amsterdam, pp. 277–281, 1988.

◉ Pan, J. T.: Neuroendocrine control of prolactin secretion: The role of the serotonergic system. *Chinese Journal of Physiology* 34:45–64, 1991.

◉ Pan, J. T.: Prolactin. *Continuing Medical Education* 4:427–432, 1994 (in Chinese).

◉ Pan, J. T.: Neuroendocrine functions of dopamine. In: *CNS Neurotransmitters and Neuromodulators: Dopamine*, TW Stone (ed), CRC Press, Boca Raton, pp. 213–232, 1996.

◉ Pan, J. T.: History of Neuroscience in Taiwan: Neuroendocrinology. *Acta Neurologica Taiwanica* 12 (Suppl.):234–239, 2003 (in Chinese).

期刊論文（選錄）

◉ Jea, A. H., Pan, J. T., Wan, W. C. M.: Serum LH changes following LHRH challenging in thyroidectomized male rats. *Chinese Journal of Physiology* 24:79–86, 1981.

◉ Pan, J. T., Gala, R. R.: Central nervous system regions involved in the estrogen-induced afternoon prolactin surge. I. Lesion studies. *Endocrinology* 117:382–387, 1985.

◉ Pan, J. T., Gala, R. R.: Central nervous system regions involved in the estrogen-induced afternoon prolactin surge. II. Implantation studies. *Endocrinology* 117:388–395, 1985.

◉ Pan, J. T., Kow, L. M., Pfaff, D. W.: Single-unit activity of hypothalamic arcuate neurons in brain tissue slices. Effects of anterior pituitary hormones, cholecystokinin-octapeptide, and neurotransmitters. *Neuroendocrinology* 43:189–196, 1986.

◉ Pan, J. T., Gala, R. R.: The influence of raphe lesions, *p*-chlorophenylalanine, and ketanserin on the estrogen-induced afternoon prolactin surge. *Endocrinology* 120:2070–2077, 1987.

◉ Pan, J. T., Kow, L. M., Pfaff, D. W.: Modulatory actions of LHRH on electrical activity of preoptic neurons in brain slices. *Neuroscience* 27:623–628, 1988.

◉ Pan, J. T., Wang, P. S.: Effect of transient dopamine antagonism on the thyrotropin-releasing hormone-induced prolactin secretion in the serotonin-blocked, estrogen-treated, ovariectomized rats. *Neuroendocrinology* 49:281–285, 1989.

◉ Pan, J. T., Teo, K. L.: Small dose of domperidone potentiated the effects of TRH and serotonin on prolactin secretion in ovariectomized, estrogen-treated rats. *Neuroendocrinology* 50:387–391, 1989.

◉ Pan, J. T., Teo, K. L.: Fentanyl stimulates prolactin release through μ-opiate receptors, but not the serotonergic system. *Endocrinology* 125:1863–1869, 1989.

◉ Pan, J. T., Chen, C. W.: Increased plasma prolactin levels in ovariectomized, thyroidectomized rats treated with estrogen. *Endocrinology* 126:3146–3152, 1990.

◉ Pan, J. T., Tian, Y., Lookingland, K. J., Moore, K. E.: Neurotensin-induced activation of hypothalamic dopaminergic neurons is accompanied by a decrease in pituitary secretion of prolactin and α-melanocyte-stimulating hormone. *Life Sciences* 50:2011–2017, 1992.

◉ Pan, J. T., Li, C. S., Tang, K. C., Lin, J. Y.: Low calcium/high magnesium medium increases activities of hypothalamic arcuate and suprachiasmatic neurons in brain tissue slices. *Neuroscience Letters* 144:157–160, 1992.

◉ Lin, J. Y., Pan, J. T.: Bombesin and neurotensin excite neurons in hypothalamic arcuate nucleus in brain slices: an extracellular single-unit study. *Brain Research Bulletin* 30:177–180, 1993.

◉ Tang, K. C., Pan, J. T.: Stimulatory effects of bombesin-like peptides on suprachiasmatic neurons in brain slices. *Brain Research* 614:125–130, 1993.

◉ Lin, J. Y., Mai, L. M., Pan, J. T.: Effects of systemic administration of 6-hydroxydopamine, 6-hydroxydopa, and 1-methyl-4-phenyl-1,2,3,6-tetrahydroxypyridine (MPTP) on tuberoinfundibular dopaminergic neurons in the rat. *Brain Research* 624:126–130, 1993.

◉ Yang, J. Y., Pan, J. T.: Enhanced tuberoinfundibular dopaminergic neuron activity in estrogen-treated ovariectomized, thyroidectomized rats with hyperprolactinemia. *Neuroendocrinology* 59:520–527, 1994.

◉ Mai, L. M., Shieh, K. R., Pan, J. T.: Circadian changes of serum prolactin levels and tuberoinfundibular dopaminergic neuron's activities in ovariectomized rats treated with or without estrogen: the role of the suprachiasmatic nuclei. *Neuroendocrinology* 60:520–526, 1994.

◉ Shieh, K. R., Pan, J. T.: An endogenous cholinergic rhythm may be involved in the circadian changes of tuberoinfundibular dopaminergic neuron activity in ovariectomized rats treated with or without estrogen. *Endocrinology* 136:2383–2388, 1995.

◉ Mai, L. M., Pan, J. T.: Bombesin acts in the suprachiasmatic nucleus to affect circadian changes of tuberoinfundibular dopaminergic neuron activity and prolactin secretion. *Endocrinology* 136:4163–4167, 1995.

◉ Shieh, K. R., Pan, J. T.: Sexual difference in the diurnal changes of tuberoinfundibular dopaminergic neuron activity in the rat: role of cholinergic control. *Biology of Reproduction* 54:987–992, 1996.

◉ Lin, J. Y., Pan, J. T.: Prolonged pertussis toxin treatment affects morphine's action on tuberoinfundibular dopaminergic neuron activity and on prolactin secretion. *Brain Research* 727:182–186, 1996.

◉ Yuan, Z. F., Pan, J. T.: Stimulatory effect of central oxytocin on tuberoinfundibular dopaminergic neuron activity and inhibition of prolactin secretion: neurochemical and electrophysiological studies. *Endocrinology* 137:4120–4125, 1996.

◉ Yen, S. H., Lai, C. J., Lin, J. Y., Pan, J. T.: Inhibitory effect of dopamine on dorsomedial arcuate neurons in rat brain slices: potentiation by co-administration of cocaine. *Brain Research Bulletin* 42:347–351, 1997.

◉ Shieh, K. R., Pan, J. T.: Nicotinic control of tuberoinfundibular dopaminergic neuron activity and prolactin secretion: diurnal rhythm and involvement of endogenous opioidergic system. *Brain Research* 756:266–272, 1997.

◉ Shieh, K. R., Chu, Y. S., Pan, J. T.: Circadian change of dopaminergic neuron activity: effects of constant light and melatonin. *Neuroreport* 8:2283–2288, 1997.

◉ Yen, S. H., Pan, J. T.: Progesterone advances the diurnal rhythm of tuberoinfundibular dopaminergic neuronal activity and the prolactin surge in ovariectomized, estrogen-primed and in proestrous rats. *Endocrinology* 139:1602–1609, 1998.

◉ Shieh, K. R., Pan, J. T.: Ontogeny of the diurnal rhythm of tuberoinfundibular dopaminergic neuronal activity in peripubertal female rats: possible involvement of cholinergic and opioidergic systems. *Neuroendocrinology* 68:395–402, 1998.

◉ Yen, S. H., Pan, J. T.: Nitric oxide plays an important role in the diurnal changes of tuberoinfundibular dopaminergic neuronal activity and prolactin secretion in ovariectomized, estrogen/progesterone treated rats. *Endocrinology* 140:286–291, 1999.

◉ Shieh, K. R., Pan, J. T.: Stimulatory role of prolactin on the development of tuberoinfundibular dopaminergic neurons in prepubertal female rats: studies with cysteamine and somatostatin. *Journal of Neuroendocrinology* 11:907–918, 1999.

◉ Chu, Y. S., Shieh, K. R., Yuan, Z. F., Pan, J. T.: Stimulatory and entraining effects of melatonin on tuberoinfundibular dopaminergic neuron activity and inhibition on prolactin secretion. *Journal of Pineal Research* 28:219–226, 2000.

◉ Liang, S. L., Pan, J. T.: An endogenous serotonergic rhythm acting on 5-HT$_{2A}$ receptors may be involved in the diurnal changes of tuberoinfundibular dopaminergic neuronal activity and prolactin secretion in female rats. *Neuroendocrinology* 72:11–19, 2000.

◉ Shieh, K. R., Pan, J. T.: Effects of orphanin FQ (OFQ) on central dopaminergic neurons: special focus on tuberoinfundibular dopaminergic neurons and prolactin secretion. *American Journal of Physiology: Regulatory, Integrative and Comparative Physiology* 280:R705–R712, 2001.

◉ Liang, S. L., Pan, J. T.: Pretreatment with antisense oligodeoxynucleotide against D$_2$ or D$_3$ receptor mRNA diminished dopamine's inhibitory effect on dorsomedial arcuate neurons in brain slices of estrogen-treated ovariectomized rats. *Brain Research* 926:156–164, 2002.

◉ Yuan, Z. F., Pan, J. T.: Involvement of angiotensin II, TRH and prolactin-releasing peptide in the estrogen-induced afternoon prolactin surge in female rats: studies using antisense technology. *Life Sciences* 71:899–910, 2002.

◉ Hsueh, Y. C., Cheng, S. M., Pan, J. T.: Fasting stimulates tuberoinfundibular dopaminergic neuronal activity and inhibits prolactin secretion in estrogen-primed ovariectomized rats: involvement of orexin A and neuropeptide Y. *Journal of Neuroendocrinology* 14:745–752, 2002.

中文著作

◉ 潘震澤 (1994)，《科學論文寫作與發表》，藝軒。

◉ 潘震澤 (2020)，《科學讀書人》（三版），三民。

◉ 潘震澤 (2005)，《生活無處不科學》，三民。

◉ 潘震澤 (2008)，《黑手工程師瓦特》，三民；潘震澤 (2019)，《瓦特：偉大的工程師》（簡體字版），人民文學。

◉ 潘震澤 (2015)，《為什麼腸胃不會把自己給消化了？揭開人體生理的奧祕》，貓頭鷹；潘震澤 (2021)，《身體的奧祕：你應該知道的生理學常識》（簡體字版），譯林。

◉ 潘震澤 (2017)，《發現人體：生理學簡史》，衛城；潘震澤 (2021)，《身體簡史：生理學的發現之旅》（簡體字版），譯林。

翻譯書目

◉ Vawter, B. 著，潘震澤譯 (1975)，《保祿書信導論附得撒洛尼前後書》(*Introduction to the Pauline Epistles, 1–2 Thessalonians*)，光啟。

◉ Kanigel, R. 著，潘震澤與朱業修合譯 (1998)，《天才的學徒》(*Apprentice to Genius*)，天下文化。

◉ Widmaier, E. P., Raff, H., Strang, K. T. 著，潘震澤譯 (1999, 2005, 2013, 2017, 2023)，《Vander's 人體生理學》(*Vander's Human Physiology*) 第 7, 9, 12, 14, 16 版，合記。

◉ Krogh, D. 著，潘震澤譯 (2000)，《幹嘛要抽菸？》(*Smoking*)，天下文化。

◉ Altman, L. K. 著，潘震澤與廖月娟合譯 (2000)，《誰先來？》(*Who Goes First?*)，天下文化。

◉ Sapolsky, R. 著，潘震澤譯 (2001) 《為什麼斑馬不會得胃潰瘍？》(*Why Zebras Don't Get Ulcers?*)，遠流。

◉ Davis, K. 著，潘震澤譯 (2001)，《基因組圖譜解密》(*Cracking the Genome*)，時報。

◉ Nuland, S. B. 著，潘震澤譯 (2002)，《器官神話》(*The Mysteries Within*)，時報。

◉ Lavie, P. 著，潘震澤譯 (2002)，《睡眠的迷人世界》(*The Enchanted World of Sleep*)，遠流。

◉ Witherly, J. L., Perry, G. P., Leja, D. L. 著，潘震澤譯 (2003)，《DNA 圖解小百科》(*An A to Z of DNA Science*)，新新聞。

◉ Sulston, J., Ferry, G. 著，潘震澤與杜默合譯 (2003)，《生命的線索》(*The Common Thread*)，時報。

◉ Medina, J. 著，潘震澤譯 (2004)，《基因煉獄》(*The Genetic Inferno*)，天下文化。

◉ Hobson, J. A. 著，潘震澤譯 (2005) 《夢的新解析》(*Dreaming: An Introduction to the Science of Sleep*)，天下文化。

◉ Tsiaras, A. 著，潘震澤譯 (2007)，《虛擬的解剖刀：透視男女之軀》(*The Architecture and Design of Man and Woman*)，天下文化。

◉ Dobson, R. 著，潘震澤譯 (2008)，《死亡也可以治療》(*Death Can be Cured and 99 Other Medical Hypotheses*)，印刻。

◉ Max, D. T. 著，潘震澤與楊宗宏合譯 (2009)，《蛋白質殺手》(*The Family that Can't Sleep*)，天下文化。

◉ Zimmer, C. 著，潘震澤譯 (2009)，《小生命》(*Microcosm: E. Coli and the New Science of Life*)，時報。

◉ Winchester, S. 著，潘震澤譯 (2010)，《愛上中國的人：李約瑟傳》(*The Man Who Loved China*)，時報；2016（簡體字版），北京出版社。

◉ Wells, S. 著，潘震澤譯 (2011)，《潘朵拉的種子》(*Pandora's Seed: The Unforeseen Cost of Civilization*)，天下文化；2013（簡體字版），廣西師範大學出版社。

◉ Fields, R. D. 著，潘震澤與楊宗宏、楊凱雯合譯 (2013)，《另一個腦》(*The Other Brain*)，衛城。

◉ Doherty, P. 著，潘震澤譯 (2014)，《鳥的命運就是人的命運》(*Their Fate is Our Fate*)，衛城。

◉ Palumbi, S. R., Palumbi, A. R. 著，潘震澤譯 (2017)，《海洋的極端生命》 (*The Extreme Life of the Sea*)，衛城。

◉ Yanai, I., Lercher, M. 著，潘震澤譯 (2020)，《基因社會》(*The Society of Genes*)，衛城。

◉ Osterholm, M. T., Olshaker, M. 著，潘震澤譯 (2021)，《最致命的敵人》(*Deadliest Enemy*)，春山。

◉ Heinrich, B. 著，潘震澤譯 (2022)，《荒野之心》(*A Naturalist at Large*)，野人。

人名索引

主編：
洪裕宏、高涌泉

心靈黑洞 —— 意識的奧祕

意識是什麼？心靈與意識從何而來？
我們真的有自由意志嗎？
植物人處於怎樣的意識狀態呢？
動物是否也具有情緒意識？

過去總是由哲學家主導辯論的意識研究，到了 21 世紀，已被科學界承認為嚴格的科學，經由哲學進入科學的領域，成為心理學、腦科學、精神醫學等爭相研究的熱門主題。本書收錄臺大科學教育發展中心「探索基礎科學系列講座」的演說內容，主題圍繞「意識研究」，由 8 位來自不同專業領域的學者帶領讀者們認識這門與生活息息相關的當代顯學。這是一場心靈饗宴，也是一段自我了解的旅程，讓我們一同來探索《心靈黑洞——意識的奧祕》吧！

作者：沈惠眞
譯者：徐小為

有點廢但是很有趣！
日常中的科學二三事

★獨家收錄！作者特別寫給臺灣讀者的章節——野柳地質公園的女王頭！

科學不只是科學家腦中的沉悶知識，也是日常生活中各種現象背後的原理！

作者以敏銳的觀察、滿滿的好奇心，從細微的生活經驗中，發現背後隱藏的科學原理。透過「文科的腦袋」，來觀看、發現這個充滿「科學原理」的世界；將「艱澀的理論」以「文學作者」的筆法轉化為最科普的文章。

裡面沒有艱澀的專有名詞、嚇人的繁雜公式，只有以淺顯文字編寫而成的嚴謹科學。就像閱讀作者日常的筆記一般，帶您輕鬆無負擔地潛入日常中的科學海洋！

科學

歪打正著的科學意外

主編：
王道還、高涌泉

有些重大的科學發現是「歪打正著的意外」？！
然而，獨具慧眼的人才能從「意外」窺見新發現的契機。

科學發展並非都是循規蹈矩的過程，事實上很多突破性的發現，都來自於「歪打正著的意外發現」。關於這些「意外」，當然可以歸因於幸運女神心血來潮的青睞，但也不能忘記一點：這樣的青睞也必須仰賴有緣人事前的充足準備，才能從中發現隱藏的驚喜。

本書收錄臺大科學教育發展中心「探索基礎科學講座」的演講內容，先爬梳「意外發現」在科學中的角色，接著介紹科學史上的「意外」案例。透過介紹這些經典的幸運發現我們可以認知到，科學史上層出不窮的「未知意外」，不僅為科學研究帶來革命與創新，也帶給社會長足進步與變化。

智慧新世界 圖靈所沒有預料到的人工智慧

主編：
林守德、高涌泉

辨識一張圖片居然比訓練出 AlphaGo 還要難？！
AI 不止可以下棋，還能做法律諮詢？！
AI 也能當個稱職的批踢踢鄉民？！

這本書收錄臺大科學教育發展中心「探索基礎科學講座」的演說內容，主題圍繞「人工智慧」，將從機器實習、資料探勘、自然語言處理及電腦視覺重點切入，並重磅推出「AI 嘉年華」，深入淺出人工智慧的基礎理論、方法、技術與應用，且看人工智慧將如何翻轉我們的社會，帶領我們前往智慧新世界。

科學

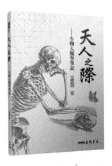

作者：王道還

天人之際 —— 生物人類學筆記

美國國會指定 1990 年代是「大腦的十年」，
但時至今日，我們真的了解大腦了嗎？
1976 年美國面臨豬流感疫苗的兩難問題，
現今疫情下，我們是否真的有做到「不貳過」？
「為什麼要做研究？」這個問題，可能比成果更重要？！

人類與非洲的黑猩猩來自同一祖先，大約 600 萬年前分別演化；
我們智人（*Homo sapiens*）的直接祖先，大約 30 萬年前出現；
我們熟悉的生活方式，發軔於 1 萬年前；
文明在 5000 年前問世；
許多所謂的普世價值，在過去 500 年逐漸成形，
有一些甚至在最近幾個世代才成為公共討論的議題。
——本書各篇以不同的角度討論人文世界的起源、發展與展望
作者是生物人類學者，在他筆下，人類的自然史成為敷衍
「人文」的重要線索。

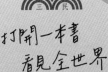

國家圖書館出版品預行編目資料

右手寫論文，左手寫科普：生理學者潘震澤自傳／潘
震澤著.－－初版一刷.－－臺北市：三民，2024
　　面；　公分.－－（科學+）

　　ISBN 978-957-14-7720-6　（平裝）
　　1. 潘震澤 2. 傳記

783.3886　　　　　　　　　　　112019219

科學🍃

右手寫論文，左手寫科普：生理學者潘震澤自傳

作　者	潘震澤
責任編輯	王乃慧　張絜耘
美術編輯	黃孟婷
封面設計	吳承諭

創 辦 人	劉振強
發 行 人	劉仲傑
出 版 者	🔗三民書局股份有限公司 (成立於 1953 年)

三民網路書店
https://www.sanmin.com.tw

| 地　　址 | 臺北市復興北路 386 號　（復北門市）　(02)2500-6600 |
| | 臺北市重慶南路一段 61 號 (重南門市)　(02)2361-7511 |

出版日期	初版一刷 2024 年 2 月
書籍編號	S300450
I S B N	978-957-14-7720-6

🔗三民書局